首都课改实验之窗

小学语文教育创新实践

杨德伦 著

让学生不仅有金色的蓬蓬勃勃的韶光 而且有辉煌的风风光光的人生

创造性地担负起语言理解与运用、思维发展与提升、审美鉴赏与创造、文化理解与传承等语文教育的核心使命

光明日报出版社

图书在版编目（CIP）数据

小学语文教育创新实践 / 杨德伦著． --北京：光明日报出版社，2018.1（2021.8 重印）
ISBN 978-7-5194-3919-4

Ⅰ.①小… Ⅱ.①杨… Ⅲ.①小学语文课—教学研究 Ⅳ.①G623.202

中国版本图书馆 CIP 数据核字（2018）第 016372 号

小学语文教育创新实践
XIAOXUE YUWEN JIAOYU CHUANGXIN SHIJIAN

著　　者：杨德伦	
责任编辑：史　宁	责任校对：赵鸣鸣
封面设计：范晓辉	责任印制：曹　诤

出版发行：光明日报出版社
地　　址：北京市西城区永安路 106 号，100050
电　　话：010-63169890（咨询），010-63131930（邮购）
传　　真：010-63131930
网　　址：http://book.gmw.cn
E - mail：shining@gmw.cn
法律顾问：北京德恒律师事务所龚柳方律师
印　　刷：三河市华东印刷有限公司
装　　订：三河市华东印刷有限公司
本书如有破损、缺页、装订错误，请与本社联系调换

开　　本：170mm×240mm	
字　　数：186 千字	印　　张：13
版　　次：2018 年 1 月第 1 版	印　　次：2021 年 8 月第 2 次印刷
书　　号：ISBN 978-7-5194-3919-4	
定　　价：49.00 元	

版权所有　翻印必究

写在前面

  我的这部《小学语文教育创新实践》，主要论述的是自义务教育《语文课程标准》（2011年版）颁布以后，即语文课程改革实验步入"深水区"以来，自己的实践探索与思考认识。该书与我2013年9月著述出版的北京教育丛书《小学语文读写教学实践》，构成前后承接和关联的"姊妹篇"。然而比较前者，本书中论及的创新实践的步伐更大，对助力和深化小学语文课程改革，提升学生学科核心素养，促进学生长远发展和终身发展的意义也更大。

  例如，要极尽课本的功能，充分发挥教材资源扶助学生更好地学习语文的优势，努力丰富学生的实际获得，就需要增强"单元整体教学"意识并付诸课堂实践，进而最大限度地提高单元教学的整体效益。

  要拓展学生学习语文的空间，最大幅度地提升每堂语文课的教学实效，就需要突出学科的"综合性"与"实践性"特点，积极践行教读（精读）与自读（泛读）结合、阅读实践与语用实践结合的"读写'双结合'教学"方式。

  要引导学生主动且顺利地发现文章表达的妙处，轻松地把握文本于选材立意、布局谋篇、表情达意等上位的语用规律，以此更加有效地带动和发展学生的学科核心素养，就需要引入"比较阅读"的策略，自觉地实践"群文整合教学"模式。

  要在培育学生语文核心素养的同时，指引学生学会自我教育、自我成长、自我发展，促进每一名学生全面发展和优质发展，就需确立整本书阅读课程意识，把建立于广泛阅读基础上的整本书阅读，作为一项极其重要的教学内容纳入语文课程计划，并列入课表，形成"选文"与"整本书"并行的新的教材体系与阅读教学常态。

要从根本上提高学生的语文实践能力、合作探究能力，以及解决实际问题的创新能力，培育学生的综合素养，就需要在关注语文基础课程、整本书阅读课程的同时，全力开展好语文学科实践活动，及其以语用为主、辐射多学科的综合实践活动。

要创造性地担负起语言理解与运用、思维发展与提升、审美鉴赏与创造、文化理解与传承等语文教育的核心使命，让学生不仅有金色的蓬蓬勃勃的韶光，而且有辉煌的风风光光的人生，从小学第三学段初始，就引领学生编写自己的书，并使它成为习作教学乃至语文课程的组成部分，便是一条极具重要意义的途径。

如何实践"单元整体教学"？又怎样践行"读写'双结合'教学"及"群文整合教学"？如何把"整本书阅读"引向深入？又怎样让"学科实践活动"和以语用为主、辐射多学科多领域的"综合实践活动"更有实效？如何引领学生编写自己的书？又怎样让系列的编撰和编创，与整本书阅读、主题综合实践活动相互促进？……本书会给忠诚教育事业、励志创新实践、渴求教学相长的广大小学语文教育同仁，一些所需的、有益的启发。

杨德伦

2017 年 10 月 1 日

写于密云宁静之都

目 录
CONTENTS

第一章　单元整体教学 …………………………… 1

第一节　依据单元目标整体设计 2
一、重视培养自读能力与习惯 2
二、不断提升独立阅读能力 5
三、循序训练归纳概括能力 8
四、着力锻炼书面表达能力 11

第二节　着眼整体指导文本阅读 17
一、体现教学整体性 18
二、重视学法读法指导 20
三、掌控有效教学要点 34
四、关注学科德育融入 36

第三节　回归整体强化基本练习 41
一、总结并强化阅读技能练习 41
二、梳理且强化表达技能练习 43
三、以综合实践发展语文素养 47

第二章　读写双结合教学 ·················· 53

第一节　概念内涵与实践缘起　53
一、什么是双结合教学　53
二、为何要进行双结合教学　56

第二节　课内外阅读结合方式　58
一、以课文为重心的辅助性阅读　58
二、以教本为抓手的延展性阅读　62

第三节　阅读与书面表达结合策略　67
一、阅读与书面表达因何能够结合　67
二、阅读与书面表达为什么要结合　69
三、阅读与书面表达应怎样结合　70

第四节　双结合教学注意事项　88
一、正确认识读与写的关系　88
二、丰富练笔的内容和形式　90
三、给予充裕的双结合时间　92

第三章　群文整合教学 ·················· 94

第一节　核心概念与主要优势　94
一、什么是群文整合教学　94
二、群文整合教学的主要优势　97

第二节　基本要领与根本前提　101
一、群文整合教学的基本要领　101
二、群文整合教学的根本前提　112

第三节　深层问题与改进方法　114
一、阅读篇目的整合点应更多元　115
二、课堂结构的编排设计需更灵活　116
三、有效研读的教学方式要更优化　119
四、言义兼得的实操技艺该更扎实　121

五、创新实践的主动性还应再增强　123

第四章　整本书阅读课程建设……………………………………**125**
　第一节　为何要特别重视整本书阅读　125
　第二节　怎样把整本书阅读引向深入　128
　　一、加强顶层规划设计　129
　　二、重视阅读过程扶助　134
　　三、优化展示交流方式　136
　第三节　推进整本书阅读的前沿保证　138
　　一、确保稳固的时间来源　138
　　二、营造愉悦的阅读氛围　139
　　三、充分发挥榜样的作用　140

第五章　学科实践活动课程建设……………………………………**141**
　第一节　叩问和转变思想观念　141
　　一、正确看待课本　142
　　二、正确看待课堂　143
　　三、正确看待教学目标　145
　　四、正确看待活动设计　146
　　五、正确看待教师角色　149
　第二节　明辨与把握课程性质　151
　　一、学科基本任务上的正确理解和运用语言文字　151
　　二、地位与特点上的基础工具性与人文性密切统一　153
　　三、学习内容的综合性、目标的多重性与方式的实践性　154
　第三节　挖除少慢差费的病根儿　155
　　一、耗时低效的"病根儿"　156
　　二、挖除"病根儿"的实践举措　157
　第四节　让学科实践活动更有实效　164

一、深刻认识学科实践活动课程　164
　　二、用心选定学科实践活动主题　168
　　三、顶层设计学科实践活动过程　170

　第五节　以综合测试助力学生发展　174
　　一、统筹设计测试作答的时限　175
　　二、着力优化内容结构与权重　176
　　三、竭力密切各部分内在关联　178
　　四、助力发展学科核心素养　182

第六章　编创整本书课程建设 188

　第一节　结合广泛阅读引领编写　188
　　一、依课本单元主题阅读带动编撰　189
　　二、以名家经典专题阅读催发编创　190
　第二节　联系综合实践活动引导编著　191
　第三节　基于平日习作积累指引编辑　193

第一章

单元整体教学

　　课堂教学资源与课外学习资源构成语文课程的主要资源。而课本又是课堂教学资源的重要组成部分，是重要的教学资源。这是因为，课本呈现着听说读写的训练内容，承载着各学段担负的课程目标，提示着相应的训练项目、训练重点和训练方法，是课堂教学的重要凭借。为突出课本在教学中的依凭性、规定性、指导性等特点，编者依据语文课程的总目标和阶段目标，选文组成单元，串联单元形成全册教材体系。在课本这个有序的结构体系中，每个单元都承担着各自的教学目标，各个单元所承担的教学目标又以螺旋式上升的幅度，一同并最终全面达成语文课程的阶段或学段教学目标。

　　然而，在实际的教学工作中，教师们尽管也有比较详尽的全册备课、单元备课，可更多的还只限于将全册或单元教学目标、训练重点难点，写于教案或学案之中。在教学实践中，结构意识和体系观念淡薄，仍把课本中的各个单元，单元中的各个文本篇目，以及文本篇目后面的"实践活动"或"单元练习"，看成是孤立的个体，缺少有序整合的意识与策略；仍按部就班并且孤立地进行教学与练习。结果呢，弱化了单元板块的教学优势，影响了单元整体的教学效益，浪费了宝贵的教学时间。怎样充分利用课本指导学生学习语文，最大限度地发挥课本资源效能，提高单元整体教学效益呢？显然，这是一个既现实又重要的研究课题。

第一节　依据单元目标整体设计

明确单元教学目标，以及它在全册乃至整个年段或学段中的重要意义，于此基础上瞻前顾后，统筹考虑，整体设计。这是实施"单元整体教学"，最大限度地提高单元教学效益的重要一环。只是在进行整体设计时，需注意体现如下的教学理念。

一、重视培养自读能力与习惯

培养自能读书、识字、作文，自我获取知识的本领，使学生"具有适应实际生活需要的识字写字能力、阅读能力、写作能力、口语交际能力，正确运用祖国语言文字"①，这是小学语文教学的重要任务。其中，培养自读的能力与习惯，对于各个学段来讲，都是至关重要的。而这，又必须在重视巩固学生已掌握的基础知识和阅读方法的基础上进行。

如第10册教材②第5单元，它由两篇精读课文〔《古诗四首》——《少年行》《马》《望洞庭》《游园不值》，《三字经》（节选）〕和两篇略读课文〔《寓言二则》——《人有亡铁者》《玄鹤献珠》，《景阳冈武松打虎》（节选）〕及"语文实践活动5"组成。单元中的这组课文，虽然体裁多样，有古代诗歌、古文（韵文、散文），古代白话小说，内容涉及多个方面，但都集中展现了祖国优秀的传统文化。这是本单元在教学内容方面的显著特点。

本单元主要教学目标有三项：①学会23个生字〔含1个多音字"单"（dān chán）〕，认识21个认读字。②理解诗句的意思，并能结合诗句想象诗歌描述的情景，体会诗人表达的思想感情，领悟诗句中比喻手法

---

① 《义务教育语文课程标准》（2011年版）。
② 本书中提到的教材，皆指北京市义务教育语文课程改革实验教材。

的表达作用；理解古文《三字经》（节选）和《寓言二则》的意思，了解其中包蕴的传统美德和寄寓的深刻道理；了解古代白话小说《景阳冈武松打虎》（节选）的大意，能讲述武松打虎的情景，初步领悟作者刻画武松豪放、勇敢无畏形象的表达手法及其效果，生发阅读原著的热情。③能背诵并默写两篇精读课文。很显然，教学目标之二是本单元的教学重点。

按课程设定，从三年级第一学期开始，就教学生学习预习课文——"利用字典和书上的注释自学生字词"；"边读边思考，提出不懂的问题"。再有，这套教材从第5册开始，每册课本中都设有一个让学生集中接触祖国优秀传统文化的教学单元……因此，该单元的整体教学设计，就应以"加大自主学习空间与力度，进一步培养学生自读能力与习惯"为着力点。

（一）启发回顾一般的程序性方法

教学单元起始篇目时，首先启发学生回顾学习这类课文的一般程序性方法，以便引导学生按照这样的方法、步骤自主阅读，进而使他们在不断提高自读能力的同时，强化良好的自读习惯。

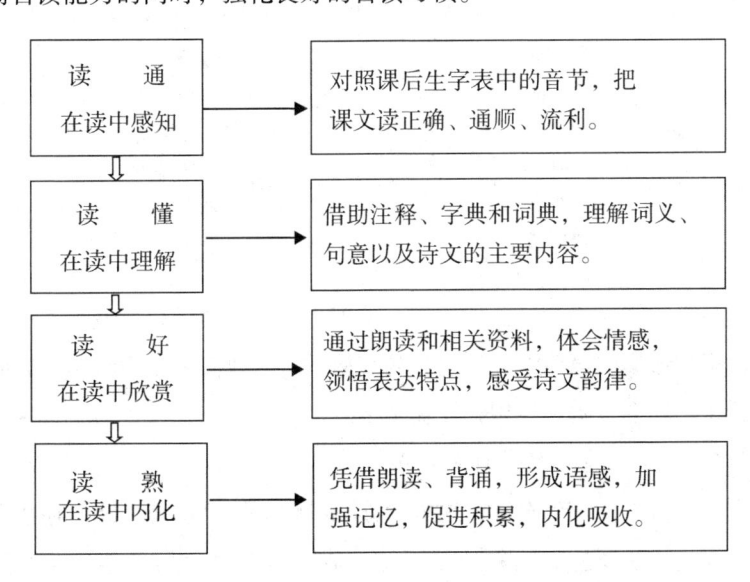

读 通 在读中感知	对照课后生字表中的音节，把课文读正确、通顺、流利。
读 懂 在读中理解	借助注释、字典和词典，理解词义、句意以及诗文的主要内容。
读 好 在读中欣赏	通过朗读和相关资料，体会情感，领悟表达特点，感受诗文韵律。
读 熟 在读中内化	凭借朗读、背诵，形成语感，加强记忆，促进积累，内化吸收。

（二）引导运用已掌握的方法自学

在启发回顾已往的学习方法后，接下来，就放手并激发学生充分运用已掌握的程序性方法，自主学习每篇课文。这样，让学生在自主阅读、合作互助、对话文本资料的过程中，加深感受理解，丰富读写知识，增强阅读技能，体验自主学习的乐趣。

（三）在困惑之处给予针对性指导

连词释句、串句通文，是学生理解古诗文的难点，这自然也应是教学古诗文时，教师指导的重点。因此，在具体的教学过程中，教师就需要顺学而导，教学生一些最基本的连词释句、串句通文的策略性方法和技巧。

如《望洞庭》，诗人为求得语言凝练、工整，有意省略了第二、四句中的比喻词。启发学生结合具体语言环境添加上被作者省略了的比喻词，学生便可顺利地理解诗句大意。又如《游园不值》，诗人根据表达以及突显节奏、韵律的需要，运用了"倒装"（又叫"颠倒"）的修辞手法，有意将某些词或句的语序前后颠倒。引导学生将语序颠倒的词或句再颠倒过来，于是他们也就正确、通顺地理解了全诗大意，并且学到了一种连词释句、串句通文的方法。

望　洞　庭　　　　　　　游　园　不　值
刘禹锡　　　　　　　　　叶绍翁
湖光秋月两相和，　　　　应怜屐齿印苍苔，
潭面无风（就像）镜未磨。　小扣柴扉久不开。
遥望洞庭山水色，　　　　春色满园关不住，
（酷似）白银盘里一青螺。　一枝红杏出墙来。

达尔文曾讲，最有价值的知识，是关于方法的知识。把最基本的连词释句、串句通文的策略性方法与技巧交给学生，他们在今后阅读此类内容的实践中，就会自觉地运用，受益不尽。

（四）在学生忽略处进行必要点拨

阅读古诗文，学生在理解内容、体会感情、知晓道理之后，往往会忽视对其表达方法及特点的领悟。因此，适时启发学生借助朗读、对比朗

读、相关评价等手段,领会作者于遣词用字、表达方法方面的特点,是至关重要的。

如教学《马》这首诗,就需借助朗读,引导学生领会诗句工整、对仗的特色;就应借助换词比较(把第1~2句中"如""似"两个词都换成同义的比喻词"像"),进而帮助学生领悟诗人遣词精当、富于变化的特点。又如教学《望洞庭》一诗后,还需引领学生再读一读赞美洞庭美景的其他古代诗歌,如李白的《秋登巴陵望洞庭》,杜甫的《登岳阳楼》,孟浩然的《望洞庭湖赠张丞相》,并借助对比,以使学生感受到:同是描写洞庭湖美景,显然刘禹锡笔下的《望洞庭》,想象更丰富,比喻更精妙,语言更简明易懂。

先是启发学生回顾和梳理自己的已知已能,让将要开展的阅读实践建构于他们的已知已能基础上。而后引导学生运用已知已能去自主学习,教师只是给予一些针对性的指导和必要的点拨。于是,学生的自读能力与习惯,就得到了有效的培养与强化。

二、不断提升独立阅读能力

在培养学生自读能力的同时,还须设法不断提升他们的独立阅读能力。而把教读与练读相结合,这不但是发挥学生主体作用,提高单元教学实效的需要,更是以教材为例子,发挥课本功能,促进学生发现、运用和掌握新的阅读方法,使之不断增强感受与理解、欣赏与评价能力,进而逐步提升独立阅读能力的有效途径。

如第10册教材第8单元,由两篇精读课文(《丰碑》《草地夜行》)和两篇略读课文(《白求恩与孩子*》《蒋筑英*》)及"语文实践活动8"组成。其中,两篇精读课文,都是以一件具体事例来讴歌人物;在表达方法上,均注重把正面描写与侧面烘托结合,将人物描写与环境衬托相融。两篇略读课文呢,皆是通过两件或多件事,来赞美人物的精神品格。

本单元承载的教学目标包括:①有感情地朗读课文。②尝试以标题的形式归纳事件,并能准确把握和书面归纳课文主要内容。③抓住人物言行神态，感受人物心理，体会作者思想感情，受到革命传统、爱国主义和国际主义教育。④了解通过一件或几件典型事例，以及抓住最能突出人物品格特点的言行神态，来表现人物的写作方法，领悟环境描写、侧面烘托对表现人物的作用。⑤学习和运用表现人物的基本方法，完成单元记人习作——通过一件事或几件事，赞美朋友的优秀品格，表现同学之间难以忘怀的纯真友情。

为此，在进行单元整体教学设计时，就可以把"指导阅读""辅助练读""放手组织自读"的方式，依次并有梯度地融入其中，以锻炼和提升学生的独立阅读能力。

（一）在导读中学习阅读要领

即，指导阅读单元中《丰碑》《草地夜行》两篇精读课文，并依据学文的一般规律和学生的实际困惑，着重教学生通过"抓上下文联系，进行前后'滚动性阅读'"的方式，进而解疑释疑，感受人物崇高品格，领悟文章基本表达方法，发现和总结新的阅读要领。如教学生阅读单元起始课《丰碑》一文（第2课时）：

首先，组织整体感知课文，启发学生质疑问难。即，让学生轻声读文，读后说说课文讲了一件什么事，哪一幕让你最受感动；还有什么困惑，请提出来。

问题预设与组织梳理［词句→内容（军需处长、军长）→文旨→表达方法］：①"风雪中，传来无数沉重而坚定的脚步声。"为什么说这脚步声"沉重而坚定"？②"这声音似乎在告诉人们：如果胜利不属于这样的队伍，还会属于谁呢？"这句话是什么意思？③军需处长是掌管和负责发放棉衣等物资的，怎么会被冻死？冻死时又为什么会"十分镇定，十分安详"？④军长为什么要向军需处长敬军礼？文章为什么要详细描写军长前后的一系列神态变化？⑤"丰碑"是什么意思？"他成了一座晶莹的丰碑"一句的含义是什么？⑥文中为什么前后两次描写恶劣的天气？课文开头和结尾有什么联系？……

接下来，就引导学生独自细读，标画、思考并批注。即，提示学生：

带着梳理后的问题认真默读，边读边标画、思考和批注——用一两个词语（也可以是简短的句子），或写出句段的内容含义，或记下内心的真实感受，或描述由此想象到的情节，或赏析句段篇章的表达方法……

然后，组织合作研读，共同释疑解惑。这其中，教师指导的重点及方法是：①启发学生把开头描写云中山恶劣天气的段落（第1自然段）与描写军需处长衣着、神态的段落（第7自然段）组合，在读中体会军需处长被冻死的原因，同时领悟开头天气、环境描写的伏笔作用。②启迪学生把描写这支部队物资匮乏、任务艰巨、困难重重的段落（第2自然段）与描写军需处长衣着、神态的段落（第7自然段）组合，在读中推想身为掌管和负责发放棉衣的军需处长怎么会被冻死，他的棉衣哪儿去了，同时领会第2自然段的铺垫作用。③引导学生朗读描写军需处长衣着、神态的段落（第7自然段），并结合军需处长的神态，感受他为了战友，情愿赴死的心理，同时体味文中这仅有的一段正面描写对突出军需处长毫不利己、舍己为人的崇高精神所起的重大作用。④引导学生把描写军长前后神态变化的段落（第3~6、8~12自然段）与描写军需处长衣着、神态的段落（第7自然段）组合，在朗读中触摸军长内心的思想感情变化（震惊→悲痛→内疚→崇敬），同时感悟课文通过详细描写军长言行神态及心理活动变化，从侧面彰显这位掌管军需却被严寒冻死的军需处长崇高品格的表达方法。⑤指引学生把描写军需处长的身体变成一座晶莹丰碑的段落（第13自然段）与描写军需处长衣着、神态的段落（第7自然段）组合，在朗读中理解"他成了一座晶莹的丰碑"一句的深刻含义。⑥引领学生把结尾一段与描写军需处长衣着、神态的段落（第7自然段）组合，在朗读中理会这脚步声为什么"沉重而坚定"，品味结尾一句的深意与作用。

最后，引导学生回顾学文过程，梳理并总结学文要领——把全文看作一个有机的整体；依据上下文之间、各语意结构与中心段落之间的联系，将前后相关段落内容组合起来，进行"滚动性阅读"，进而理解阅读中的疑难问题。如此，让学生在尝试、经历和总结、提炼的过程中，学习和认识这一阅读要领。

（二）在助读中强化阅读要点

即，辅助学生阅读单元中《白求恩与孩子》《蒋筑英》这两篇略读课文——启发学生进一步运用"抓上下文联系，进行前后'滚动性阅读'"的方式，自我解决阅读中的疑惑，自我实现阅读目标；教师只做一些必要的提示。如此，让学生在半独立性的阅读实践中，巩固和强化所学的阅读要领。

（三）在自读中形成阅读技能

即，限定时间，激励学生运用"抓上下文联系，进行前后'滚动性阅读'"的方法，独立阅读"语文实践活动8"中的《手术台就是阵地》一文，独立完成短文后面的各项练习。以此检验学生独立阅读的效果，促使学生形成这一新的阅读技能。

叶圣陶先生在《自力二十二韵》中写道："所贵乎教者，自力之锻炼"；"逐渐去扶翼，终酬放手愿"。这话的意思很明白：作为教师，着力锻炼学生凭借自己的努力，最终学会学习，是最可贵的；而要实现这个愿望，就需要像引导幼儿学步那样，从扶其肩、携其腕到逐渐去除扶翼，最终放手让孩子便利独行。在如上导读、助读、自读的阅读实践中，学生从学习和强化阅读要领，到形成阅读技能，独立阅读能力便得到了稳步的锻炼与提升。

三、循序训练归纳概括能力

把握句子大意，归纳自然段、结构段（又称"大段"或"逻辑段"）以及篇章的主要内容，概括全文中心思想，这是贯穿小学低、中、高各个学段的训练重点。其中，书面归纳段落（这里指"结构段"）与篇章的主要内容，概括全文的中心思想，是第三学段阅读教学的重要训练项目。它既是学生整体把握段篇内容，明晰作者表达主旨的需要，也是发展学生综合与概括能力的重要途径，还是学生从阅读中学习选材立意之法的必要前提。然而，它又历来是教学最薄弱的环节，是学生每次学业水平测试中失分最多的领域。

为此，在进行单元整体设计时，就应格外重视归纳与概括这个方面的训练——从单元整体考虑，瞻前顾后，先教后放，教放结合，循序提高。进而，不断增强学生书面归纳概括的能力。

如第10册教材第6单元由两篇精读课文［《挑山工》（主要写人，但重在借人论理）《跳水》（主要叙事，但重在以事刻画人物）］、两篇略读课文（《鲁本的秘密》《走独木桥》）及"语文实践活动6"组成。其中，"给课文划分段落，书面归纳段落大意"，"归纳文章主要内容，初步练习概括文章中心思想"，则是本单元的训练重点。

（一）循序训练归纳段落大意

训练学生"给课文划分部分，回答相关问题"，首次出现在第7册教材。第8册开始要求学生"给课文划分部分，（口头）归纳各部分的主要内容"。"给课文划分部分，并且写出每部分的主要内容"这项训练，安排在了第9册第5~8单元。第10册首次出现"段落"的概念，并从第6单元开始明确提出"给课文划分段落，清楚明白地写出段落大意"的要求。怎样把这项训练有序地融入单元整体设计之中呢？这需要统筹考虑，全盘规划。

教学单元起始课文《挑山工》，需着重帮助学生于经历归纳性实践的基础上，提炼和总结归纳的方法，知晓归纳段落大意的要求。即，在指导学生读懂课文后：启发学生通观全文，了解课文先写什么、再写什么，是按怎样的顺序（概括→具体→总结）写的；而后，划分和明确全文段落，领会作者的行文思路。接着，鼓励学生试着归纳并写出各段段落大意，且说说自己是怎样归纳的，进而巩固归纳段落大意的方法——"抓重点句归纳段落大意"。随后，组织学生读一读、改一改归纳的段落大意。通过修改，让学生懂得——归纳出的段落大意应是一两句话，既要完整，又需简洁；各段落大意之间，要连贯，体现全文记述顺序，归纳的角度还应保持一致。例如：

第一段（第1~2自然段），泰山上挑山工走的路程长，但速度并不比游人慢，这让"我"很奇怪。

第二段（第3~6自然段），有一次"我"登泰山时，同一位挑山工几次相遇，经过和他攀谈，终于解开了心中之谜。

第二段（第3~6自然段），"我"从泰山回来，画了一幅挑山工负重攀登的画，以此来激励自己。

很显然，各段的段意都应包含"我"与挑山工这两个元素。归纳每段的段意时，都应从"我"的角度去总结挑山工给予人的感触。

教学第2课《跳水》一文时，则重在组织学生独自归纳。即，加大学生独立划分段落，书面归纳段落大意的练习力度，组织学生在独自归纳和修改的过程中，巩固归纳段落大意的其他方法——"合并几层意思归纳段落大意"。

通过循序训练，让学生在巩固"抓重点句归纳段落大意""合并几层意思归纳段落大意""分清主次归纳段落大意"等方法的同时，增强清楚明白地写出段落大意的能力。

（二）扶助概括篇章内容与中心

第9册教材及第10册第1~4单元，先后安排了"说说课文的主要内容""写出课文的主要内容""从_____这件事可以看出，×××是个（位）_____"等铺垫性练习形式。而以书面填空的形式，既要归纳篇章主要内容，又要概括课文中心思想，本单元还是首次出现。因为是初次练习，所以要求不宜过高。应本着如下"三步走"的步骤，顺次训练。

1. 精读中重在启发与指导

对精读课文《挑山工》与《跳水》，在引导学生读懂内容、划分段落、归纳段落大意后：宜先组织学生以书面填空的形式，练习归纳全文主要内容，概括中心思想；接着指导学生反复读一读、改一改，尽可能做到准确、简练、通顺。例如：

<u>课文主要记述"我"登泰山时，看到身担重物的挑山工登山速度却不比游人慢，经过攀谈终于解开心中之谜，并深受触动；在赞美挑山工专</u>

心致志、不懈攀登精神的同时，主要告诉我们不论做什么事，只有向着既定目标，步步踩实、不懈前行，才能最终达到目标的道理。(《挑山工》)

课文主要记叙在因水手取笑猴子，猴子便挑逗孩子，孩子为追猴子不顾一切地走上桅杆最高的横木，因而陷入绝境的危急关头，船长用开枪的办法强迫孩子跳到海里，最终使他绝处逢生；既突出表现了船长沉着镇定、机智果断的品质，也蕴含着遇事需镇定机智，做事不能失去理智，要顾及他人感受等事理。(《跳水》)

于此基础上，启发学生发现和总结归纳课文主要内容的方法——"串联各段段意，归纳课文主要内容"，初步了解依据课文特点概括中心思想的方法——"分析题目和重点句，概括中心思想"，"分析事件与人物言行心理，概括中心思想"，以及归纳和概括的基本要求。

2. 略读时重在丰富与强化

对《鲁本的秘密》《走独木桥》这两篇略读课文，在组织学生自主阅读并以书面填空形式进行归纳、概括的基础上，需引导学生发现并总结新的归纳课文主要内容的方法——"分清主次，抓住主要部分归纳课文主要内容"，进一步强化已掌握的概括中心思想的方法——"分析题目和重点句，概括中心思想"，"分析事件与人物言行心理，概括中心思想"。

3. 独立阅读重在练习与实践

对于"语文实践活动6"中《爸爸的咳嗽》一文，则要求学生独自阅读，独立完成短文后面的作业——归纳短文主要内容和概括全文中心思想。在独立练习与实践中，增强学生归纳与概括的能力。

通过精读中的启发与指导，略读中的丰富与强化，独自阅读中的独立练习与实践，学生归纳篇章主要内容与中心思想的能力，便会形成并逐日增强。

四、着力锻炼书面表达能力

激发写话或习作兴趣，使学生不断萌生书面表达欲望；引导积极吸收与内化表达营养，学以致用，使学生不断提高写话、习作质量和技能——

这是课本各单元担负的一项极其重要的教学任务。为将单元教学对学生表达质量和技能的促进作用发挥到极致，在进行单元整体教学设计时，就需活用课本，并要密切如下的几组关联。

（一）学文与单元写话习作结合

不光要将读与写的结合融于教学某一篇课文之中，而且要将这种结合贯穿于教学单元所有篇目之中，进而实现以阅读促表达的目的。

如第10册第7单元由两篇精读课文（《奇异的琥珀》《鲸》）、两篇略读课文（《夜晚的实验》《通灵仙鹤》）及"语文实践活动7"组成。其中，结合眼前事物展开合理想象，是《奇异的琥珀》一文最显著的表达特点；运用作比较、列数字、举事例等方法具体说明事物特点，是《鲸》一文最主要的表达特色。

在习作训练安排上，《鲸》一文后的思考练习，要求学生"学习第1自然段的说明方法，自选内容写一段话——可以使用一种方法说明，也可以使用几种方法来说明"；"语文实践活动7"中安排的单元习作训练，要求学生"从课本所提供的'物品'（一张报纸，两只飞舞的彩蝶，青蛙和电子眼，一束鲜花）和'图形'（圆、长方形、环形、笑脸）中各选择一种，展开合理的想象，各写一段话——注意做到内容具体、语句通顺、情节完整"。

很显然——引导学生了解课文结合眼前事物展开合理想象的方法，以及运用作比较、列数字、举事例来具体说明事物特点的方法，并体会这样写的好处；启发学生运用学到的说明事物特点的方法，自选内容写一段话；指导学生结合教材中提供的"物品"和"图形"展开合理想象，各写一段话，并且做到内容具体、语句通顺、情节完整——这是本单元习作训练的重点。

为提高习作训练效果，进行单元整体教学设计时，就可调整学文的次序，像如下论述的这样，把学文与单元习作练笔紧密地结合起来。

先教学《鲸》一文，并将此与指导学生运用所学说明事物特点的方法自选内容写一段话相结合。教学中，首先引导学生初读课文，想想每个自然段讲什么，全文按照怎样的顺序、介绍了鲸的哪些特点和习性，进而给文章划分段落；然后，组织学生细读课文，边默读边书面填写如下表格，以进一步了解鲸的特点和习性，并领悟课文说明事物特点的方法（作比较、列数字）及好处。随后，召开家用电器"新闻发布会"：事先布置学生自选一种熟悉的家用电器，从品种、功能、款式、用法、发展变化，以及这种电器与各自生活、学习的关系等方面，收集、整理资料；课上启发学生仿照《鲸》一文第 1 自然段的说明方法，介绍这种家用电器（可以使用其中一种方法说明，也可以使用包含第 1 自然段说明方法的几种方法来说明）；之后，激励学生把口头介绍的内容写下来。

内　　容		鲸的特点
形　　体		
习　性	食　性	
	呼　吸	
	睡　眠	
	繁　殖	

再教学《奇异的琥珀》一文，并将此与"语文实践活动 7"中要求学生结合"物品"和"图形"展开合理想象各写一段话相结合。教学中，在引导"初读课文——感知琥珀的奇异之处和科学价值"，"细读课文——了解琥珀形成与发现的过程"，"精读课文——探究科学家的推想依据，启发想象与创新"，"赏读课文——领会全文连段成篇的方法（形成过程→被人发现→样子与价值）及好处，书面归纳段落大意"之后，便组织学生结合"语文实践活动 7"中所提供的"物品"和"图形"展开联想和想象，完成单元想象型习作练笔。

这样，从有助于学生学习表达的角度，调整学文的次序，密切读与写之间的联系，分散训练的重点，于是既提高了单元整体教学的效果，又减轻了学生的课业负担，也为教师批阅和组织赏评学生习作预留出足够的时间。

又如第 10 册第 8 单元——要求学生在阅读《丰碑》《草地夜行》《白求恩与孩子*》《蒋筑英*》这组以写人为主的课文后,借鉴作者的表现形式和表达方法[通过一件或几件典型事例和最能突出人物品格特点的言行神态描写,来正面表现人物;借助环境描写、侧面描写来烘托人物;用序号标志"(一)(二)(三)……"来标明事件,呈现段落结构],完成单元记人习作:

静下心来,认真回忆自己一段难以忘怀的友情;再用手中的笔,把事情的全过程写下来。写完后,读给别人听,与他人分享自己的感受,并请对方评改自己的习作。

为使训练更有针对性,更好地实现以读促写的目的,做单元整体教学设计时,就可采取下面的步骤与方法,适当拓展练习的时间与空间。

提前布置单元习作任务。即,在学习单元课文之前,就布置学生有重点地观察自己的同学、好友,留心感受让自己激动不已、难以忘却的真挚友情。于此基础上,鼓励学生完成预作。

学文中指导积累习作方法。即,在组织学文过程中,尤其要重视"读出来"这一教学环节,进而引导学生了解通过一件或几件典型事例和最能突出人物品格特点的言行神态描写来表现人物的写作方法,领悟环境描写、侧面描写对表现人物思想品质的重要作用,认识用序号标志"(一)(二)(三)"来标明事件,呈现文章结构的布局谋篇方式。当然,随着学文,还可以适时融入一些写人的单项小练笔——通过言行表现人物品格,借助侧面描写衬托人物特点。

学文后组织完成或进一步修改单元习作。即,在组织学生畅谈阅读这组课文的收获后,指导学生完成单元习作,或再次完善之前的预作:通过一件或几件感人的具体事例,表现一段难以忘却的友情。要求:自拟题目;写清事件过程(起因→经过→结果);注意通过具体描写人物的言行神态,来表现人物品格特点;适时融入自己的内心感受,表达难以忘却的真情实感。

提前观察或且预作;而后运用从阅读中学到的表达方法,完成或进一步完善单元习作。这样，就使学生在表达的"最近发展区"，得到有效的进阶练习和显著提高。

（二）口语交际与单元书面表达融合

口语交际练习不但能够促进学生的听与说，而且有助于学生的书面表达。学生说得条理清晰，具体并且生动感人，就为写话或习作奠定了坚实的基础。

如第10册第5单元"语文实践活动"中，安排了两项重要训练内容：一是口语交际——召开一次"古代人物故事会"，要求从《语文读本》或其他课外书籍中选择一个自己最受感动的故事，加上个人的理解和感触，做好准备，在故事会上讲给同学们听。二是单元习作——以《我和_____》为题写一篇作文，要求从亲人（父母、祖辈、兄弟姐妹……）关爱自己的众多事例中，选取一件感受最深的事件，来表现亲人给予自己的厚爱，表达自己内心真挚的感激之情。

为更好地进行口语交际训练，并实现以说促写的目的，最大限度地提高教学效益，在进行单元整体设计时，就应注意并做到这样三点：

一是启发学生借助如下的表格，精心选择古代人物故事。这样，既能有效地帮助学生把故事选好、讲好，又可在选择材料、拓展思路、突出重点、表达真情实感等方面，为学生接下来的习作提供帮助。

读过哪些古代人物故事？感受最深的是哪个故事？	这个故事的起因、经过、结果是怎样的？	读了这个故事，自己有哪些感想与收获？
孟母择邻的故事 五子登科的故事 黄香孝亲的故事 孔融让梨的故事 ……	起因 ①_____ ↓ ②_____ 经过 ③_____ ↓ ④_____ 结果 ⑤_____	

二是由"口语交际"训练向单元习作练习自然过渡。即，组织学生由讲述古代人物故事，到叙说亲人关爱自己的故事，继而引出单元习作的内容与要求。这样，就使单元习作练习成为"古代人物故事会"的延续

与拓展。

我们每个人都时时享受着亲人的爱，有祖辈的爱，父母的爱，兄弟姐妹的爱。请你从感受最深的事例中选择一件，以《我和_____》为题写一篇作文。要写出自己的真情实感。

三是启迪学生借助下面的表格广泛回忆，精心选择习作材料。可将回忆和筛选材料的过程放到课下，让学生有比较充裕的时间回忆、感受、选择、准备。第二天，先让学生在以"感受关爱"为主题的故事会上讲一讲，师生评一评；再鼓励学生下笔行文，一气呵成。

哪些亲人给予了自己深深的关爱？	最难忘的是谁给予自己的关爱？	他（她）给予了自己哪些关爱？	让自己最受感动的是哪件事？
父母 祖辈 兄弟姐妹 不是亲人却胜似亲人的老师、朋友、陌生者……		生活方面 学习方面 品行方面 ……	起因 ①_____ ↓ 经过 ②_____ ↓ ③_____ 结果 ④_____ ↓ 感受 ⑤_____

这样，就将单元口头表达训练与习作练习结为有机的整体，在实现以读带说、借说促写，使说与写相得益彰的同时，也让优秀传统文化得到了弘扬，使"感恩教育"落到了实处。

（三）综合实践与单元语用练习融通

为在教学中更好地体现语文学科的实践性和综合性特点，中高年级每册课本于"语文实践活动"内，均安排了两个融观察与访谈、收集与整理、交流与习作、自主与合作探究为一体的"综合实践活动"。这便需要我们着眼宏观，将"综合实践活动"与单元教学整合为一，并寓习作训练于"综合实践活动"之中；以此在培养学生合作精神及正确情感态度，发展学生综合素养的同时，更好地提升他们的语用能力。

如第10册第6单元的"语文实践活动"内，安排了"做节约小发明家"这样一项综合实践活动：要求学生首先回想自己或观察别人在校园、家庭及社会中，浪费水、电、纸的现象；然后针对自己或发现的浪费现象，独立思考，寻找和设计节约的办法；随后在召开的班级"节约小博士展示会"上，介绍各自或发现的浪费现象，揭示实现节约的秘密方法，并集体评议，推选"节约小博士"。接下来，根据大家的评议，再次自行修改设计或制作，也可与他人合作攻关，完善节约办法；其后付诸行动，实际操作，具体落实节约的办法；而后完成习作，介绍自己在这次综合实践活动中印象深刻的场景，以及内心真实的感受；最后在自我修改、小组相互修改的基础上，进行班级交流。

为确保该项实践活动效果的最大化，在进行单元整体设计时，就可采纳如下思路：提前布置安排——在教学本单元课文前（或于学习单元起始课文后），就将此项综合实践活动布置给学生；适时穿插落实——把综合实践活动中"回想与观察""设计与保密""揭秘与评议""合作与完善""行动与操作""习作与交流"这6个环节，适时并妥当地穿插于整个单元教学之中；突出学科特点——在整个"语文实践活动"的各个环节中，注意听说读写训练，在培养学生创造能力、正确的情感态度与价值观的同时，最大幅度地提高活动的实效。

第二节 着眼整体指导文本阅读

文本，是单元教学内容构成的主体，更是培养学生感受、理解、欣赏和评价能力的重要依凭。文本教学举足轻重，关系到"三维目标"的落实，学生语文素养的获得，以及听说读写的质量。

在准确把握单元教学目标，精心构思单元整体设计之后，为最大限度地提高单元教学实效，让学生在限定的课时内有最大的收获，于文本教学方面，就需遵循如下指导思想：体现教学整体性，重视学法读法指导，突出人文性职能，有效运用现代信息技术，生动践行《语文课程标准》倡导的理念，充分发挥师生双方的主动性和创造性。

一、体现教学整体性

　　为使学生成为获取知识、形成能力过程中的主动参与者，每开始教学一个单元，都应先让学生看一看单元中选编了哪些篇目，每篇课文后面设置了哪些思考和练习项目，"语文实践活动"中安排的口语交际、写话（习作）内容是什么；都该先向学生交代清楚单元训练内容要做哪些补充或调整，让他们知晓练习的项目与重点。然后才是布置和指导学生预习单元起始课文，自此拉开本单元文本教学序幕。

　　这样做的目的，是让学生也像教师一样，首先明晰单元的阅读内容、学习任务、练习项目，进而促使他们早做听说读写的准备，带着具体的"任务"学文。因为，有效的教学始于学生准确地知道希望达到的目标是什么；而将教学目标转化为学生的内在需求，则是教学的最高境界。

　　就说小学高年级——学生步入第三学段后，由于他们已经具备了较强的自读能力，因此每开始教学一个单元，在让学生明晰单元阅读内容、学习任务、练习项目之后，就可尝试把单元中选编的所有课文看成一个整体：布置学生逐一预习其中的精读篇目，做好自读笔记，记录下自学中于词句含义、段篇内容、思想情感、表达形式等方面的收获及疑难问题；接下来，在集中检查自学效果的基础上，结合学生的疑难问题，组织并指导他们细读、精读，或进行比较性阅读。

　　如第10册第2单元编排了这样一组写人的文章：第1篇《在炮兵阵地上》——着重通过描写彭总"发火"和"道歉"时的言行神态，来表现主人公对国家海防安全高度负责的品格；第2篇《深山风雪路》——侧重通过记叙风雪路上，"我"与乡邮递员老吕的对话以及自己的内心感触，突显主人公不居功自傲，只求无私奉献的高尚品质；第3篇《一双美丽的蓝凉鞋*》——主要通过详细记述班主任王老师在"我"受到同学歧视和嘲笑的情况下，鼓励"我"不以自身的独特为耻，还勇敢展现个人"独特"一事，来彰显她理解与关心学生，真诚为学生着想，工作耐心细致的优秀品质；第4篇《在金牌面前*》——

18

着力通过具体讲述田径场上德国卢茨·朗格在完全有可能夺取金牌的情况下，却主动帮助别的选手顺利通过预赛，并在决赛中夺冠一事，来赞美卢茨·朗格珍视友谊、忘掉自我，对他人安危的关注超过对奖牌的关注的崇高精神。

这个单元承载的训练重点分别是：在阅读方面，能把握全篇主要内容，体会文章思想感情和写作目的，练习概括文本中心思想；学习和掌握阅读写人文章的一般方法。在口头表达方面，能围绕"如何与同学友好相处"这一话题，按具体要求展开口语交际活动。在书面表达方面，初步领悟写人文章的基本方法，即通过描写人物的语言、行动、神态、心理活动，来表现人物特点；能按要求完成一篇以写人为主的习作。

教学这组课文时，在激发阅读兴趣，组织了解单元文本篇目、听说读写练习内容及重点后：首先，布置学生独自、充分预习两篇精读课文——自学生字新词，朗读、熟读课文，结合课后提示标画、批注、生疑，针对困惑及感兴趣的问题查阅与整理相关课外资料。接下来，就抓住学生的疑难问题，指导精读《在炮兵阵地上》一文，并完成"通过言行神态描写表现人物思想品格"的片段练笔；结合学生的疑难问题，引导精读《深山风雪路》一文，且完成"通过对话描写展开事件情节，表现人物精神品格"的片段练习。最后，引领学生借助比较，集中阅读《一双美丽的蓝凉鞋*》《在金牌面前*》这两篇略读课文，感受人物品格，领悟文章表达特点，写下阅读后的真实感受。

篇目		《一双美丽的蓝凉鞋*》	《在金牌面前*》
相同点	体裁	记叙文，以写人为主。	
	选材	用一件典型事例来赞美主人公的优秀品格。	
	顺序	按照事情发展顺序记叙。	
	方法	通过具体描写主人公的语言、行动和作者（或对方）的心理活动，来赞扬人物的高尚品质。	

续表

篇目	《一双美丽的蓝凉鞋*》	《在金牌面前*》
不同点	题目：以文中提及的重要事物为题。	以文中记叙的主要事件为题。
	人称：运用第一人称记叙。	采用第三人称讲述。
	结尾：含蓄点明全文中心思想。	直接点明全文中心主题。

这样，着眼单元文本整体统筹安排，结合学段要求与具体学情合理施教：既进一步培养了学生的预习能力与自读习惯，全面完成了这组课文承载的训练任务，又为后面组织学生"回顾阅读过程，提炼阅读（写人文章）方法"，"运用阅读（写人文章）方法，独自阅读（'语文实践活动'中《向科学鞠躬》一文）实践"，做好了前提性准备，同时也为引导学生开展口语交际活动，完成单元大作文练习［半命题作文《一个_____的人》，要求通过一两件具体事例来表现他（她）某一方面的品质或特点，注意描写人物的语言、动作或神态］，提供了必要的技术支持。

二、重视学法读法指导

在组织学文的过程中，不单要指导学生读通、读懂，还须引导学生读会、会读；不单要指引学生感受、理解、欣赏和评价，还须引领学生掌握感受、理解、欣赏和评价的基本方法。总之，阅读教学不能只满足于读懂一文一课，只顾学生眼前。因为，学生只有学会方法，才有可能形成独立阅读能力，养成良好阅读习惯。

（一）导发现并提出问题之方

在阅读中发现并提出问题，才会生成进一步研读、求解的期待和热情，才会促使读者去进行更加深入的思考与探究。正因如此，古人才讲："疑者，觉悟之机也"；"小疑则小进，大疑则大进"。当然，学会发现并提出问题，这也是会读书的人必备的一种阅读技能。于此方面，要引导学生掌握哪些方法呢？

1. 围绕题目发现并提出问题

题目是文章的眼睛，是探视、理解和把握篇章主要内容及中心思想的窗口。以偏正短语、动宾短语、联合短语、介词短语为文章题目的，初读时，尤其需要重视引导学生围绕题目发现并提出问题；然后，以这些问题为纲目，组织研读思考、追根溯源。这样，就可直奔阅读重点、认知难点，指导学生快速读懂文章内容，准确把握文本主题，顺利达成预定目标，进而提高阅读教学的针对性和实效性。

例如，教学第8册《语言的魅力》之初，教师便启发学生："看到课文题目，同学们想了解什么，又能提出哪些问题呢？"很快，学生围绕题目便会发现并提出如下问题："'魅力'指什么？""文章中哪些语言是有魅力的？""这些语言有什么魅力？""为什么这些语言有魅力？"又如，揭示第8册《迎接绿色》一文的题目后，教师便引导学生："由课文题目，大家想到了什么，有什么问题吗？"于是，学生围绕题目便能发现并提出这样的问题："人们平时常说'迎接亲人'或'迎接客人''迎接朋友'，这里却怎么说'迎接绿色'？""这里的'绿色'指什么？""迎接绿色的都有谁，又是怎么迎接的，为什么要迎接？"

瞧，提出的这些问题多好，既是作者行文的思路，又是每篇文章所着力记叙的内容。学生一旦理解了这些问题，自然也就读懂了文本的主要内容、中心主题，以及组织材料和布局谋篇的方法。

2. 抓住矛盾发现并提出问题

写人叙事的文章，包括童话、寓言故事等，当中总会具有一个或几个呈现发生、发展过程的故事情节。精读时，重视启发学生抓住故事情节中的矛盾，发现并提出问题；然后，组织他们带着这些问题，将上下文联系起来，进行仔细研读、深入思考、充分想象。这样，就能引领学生深入文本，破解疑难，在把文章读懂、读透，深刻感受语言文字蕴含的同时，丰富研读智慧，增强阅读本领。

如第10册《丰碑》一文，就是很典型的例子。全文主要记述的是某支红军队伍在行军途中，一位负责掌管军需的军需处长竟被严寒冻死的感

21

人故事。在读到描写军需处长牺牲前的衣着、神态这一重点段落时：教师首先让学生结合课前预习及相关课外资料，说说部队中的"军需处长"是负责什么的；联系生活实际，谈谈"寒冷受冻"是怎样的感觉。然后，启发学生再读读这一段，想想心中有什么疑难问题。经过定向引导，学生便敏锐发现了其中的矛盾、疑点：①天气严寒无比，身为掌管部队给养、衣被等物资的军需处长怎么没有穿棉衣？②被严寒冻死一定是十分痛苦和恐惧的，可他的神态却为什么那么镇定、安详？

这是两个质量极高的问题，也是阅读本文必须要理解和回答的两个最为重要的问题。学生只要理解了这两个问题，也就走进了人物的内心世界，对军需处长舍己为人的崇高品格，以及文章的写作目的与表达特点，自然也就理解了。

3. 关注表达发现并提出问题

这一环节很容易被教师忽视，而课堂阅读教学又绝不应该丢弃这一点。读懂文章内容、情意后，教师还需指导学生再跳出这个"圈圈"，居高临下地赏一赏、想一想：文章是怎么写的，为什么要这样写？如此，不但有助于学生深刻理解文章的情意，而且还会促使他们发现作者在选择材料、布局谋篇、表达方法、语言风格等方面的特点，进而从中汲取写作方面的营养。

如教学第 10 册《圆明园的毁灭》一文后，教师又一次组织学生通读全文，提示他们再把正文内容与题目对照一下，想想还会有什么问题。学生经过观察、比较，便很快发现并提出这样的问题：从题目看，全文本应着力讲述圆明园被英法列强毁灭的经过，然而作者因何先用大半的篇幅，详细描述圆明园昔日无比灿烂辉煌的景象？

这个问题提得真好。接下来，便让学生带着这个问题再读全文。于是，他们就会领悟作者布局谋篇的独特匠心，也会更加增添对西方列强、对英法侵略者的刻骨仇恨。

诚然，教学生发现并提出问题的方法，绝非如上这几条。最要紧的，是教师务必增强这方面的意识，而且要通过引导，使学生也尽早具有这个意识，进而养成习惯。

（二）教感受和理解语言文字之法

正确而深刻地感受和理解语言文字，这既是领会文章情意的途径，又是欣赏、评价、积累和学习运用语言文字的前提，当然也是学生阅读能力高强的重要表现。那么，怎样才能正确而深刻地感受和理解语言文字呢？我的阅读教学实践体验，就是要教学生学习并掌握最基本的方法——在读中感受，在读中理解，并将默读和朗读与思考、想象、圈注、演示、推算、绘画等紧密地结合起来。

1. 边读边思考、想象

教学生一边默读，一边联系上下文和生活实际，揣摩其中的深意，分析从中发现与生成的疑问，寻求疑难的解释。这样读与思结合，学生就会有真感受，有实实在在的收获。

如第9册《白杨》中有这样一段话："他们只晓得爸爸在新疆工作，是自愿去的；妈妈也在新疆工作，也是自愿去的。他们只晓得爸爸这回到奶奶这里来，是接他们到新疆去念小学，将来再念中学。他们只晓得新疆是个很远很远的地方，要坐几天火车，还要坐几天汽车。"在指导理解这段话时，教师就应启发学生认真默读，边读边抓住其中的三个排比词"只晓得"，并联系文章开头描述的茫茫戈壁的恶劣环境，揣摩兄妹俩"不晓得"什么。学生理解了兄妹俩"不晓得"的内容，自然也就理解了这位父亲借白杨所要表白的心，和他在列车上一直沉思于心底的问题，以及这段话在表情达意上的作用。

教学生一边读书，一边根据文中的描述，并凭借自己的生活经验和已有知识，展开丰富、合理的想象——想象语言文字所描述的事物、场景、画面。借助想象，将文中的"话语"转换为脑海中的"画面"。这样，学生就会深刻感受、理解语言文字内容和其中蕴含的思想感情。他们的想象能力，也会在这不断转换的过程中，得到锻炼和提高。

如第9册《爱的奇迹》中有这样一段话："比利尽可能地将水开到最小，然后蹲在那里小心地接着水龙头里流下的水滴。水一滴一滴地聚集在他的小手上，炙热的阳光烘烤着他纤弱的背。"在指导理解这段话时，教师就要引导学生边朗读、边结合"尽可能""小心""一滴一滴""烘烤""纤弱"等词语，想象当时的情景——一个赤背的小男孩，不顾烈日烘烤，蹲在那里，一只手轻轻扭动水龙头，另一只手团成碗状，托在龙头下，小心地接着笼头里流下的水滴，唯恐有一滴水滴落在外面……通过边读边想象，小比利这个既懂得水宝贵又具有爱心的可爱形象，及其作者融合描写行动与外貌来表现人物的方法，便会深深印刻在学生的脑海中。

2. 边读边圈注、演示

教学生一边默读，一边用"圈""点""线"等符号标画出自己认为重要或值得咀嚼的词句，并借助工具书或结合具体语言环境解释重点词语，同时在句段旁边做些简单的批注——可以归纳句段内容（归纳型批注），可以抒发读后感受（感受型批注），可以写出由此联想和想象到的情景（想象型批注），可以记下对句段表达方法的欣赏与评价（评价型批注）……这样，学生口、脑、手并用，排除各种干扰和杂念，把全部心思和注意力都投入默读、思考之中，于是就会加深对语言文字的感受和理解，提高阅读的效果。

如第10册《挑山工》一文中描写挑山工所说的那段话，无疑是感受和理解的重点："我们哪里有近道，还不和你们是一条道？你们是走得快，可是你们在路上东看西看，玩玩闹闹，总停下来呗！我们跟你们不一样，不像你们那么随便，高兴怎么就怎么。一步踩不实不行，停停住住更不行。那样，两天也到不了山顶，就得一个劲儿往前走。别看我们慢，走长了就跑到你们前边去了。你看，是不是这个理儿？"在指导理解这段话时，教师就该提示学生边默读边用不同的符号标画出第4~6句及其中的重点词语"更""一个劲儿"，并在旁边写下由此联想到的内容——如"在学习上，同样需要步步踩实，坚持不懈"等。通过边读边圈点、批注，学生便能顺利地理解挑山工朴素的话语中所包蕴着的意味深长的哲理，并从中受到思想教育。这也自然会为后面指引学生练习"抓住重点句，概括中心思想"，打下扎实的基础。

启发和引领学生一边默读或朗读，一边用头、手、脚、身等做出不同姿态，演示着课文中所描述的事物态势，人物的行为举止，或作者观察的视角、顺序……这是一种以姿势帮助感受和理解语言文字的读书形式，当然也是潜心会文、深入思考的具体表现，可以最大限度地提高感受和理解的效果。

如第9册《海上日出*》一文中有这样两句描写红日初升景象的话："太阳像负着什么重担似的，慢慢儿，一纵一纵地，使劲向上升。到了最后，它终于冲破了云霞，完全跳出了海面，颜色真红得可爱。"在引导感受和理解这两句话所描写的景象时，教师就可示意学生边读边做着身负重物逐渐站起的动作，边读边用手做着由下往上托举重物的姿势，想象太阳初升时的景象。借助朗读、演示、想象，学生便会准确感受和理解到太阳从海天升起时，跳动沉重、先慢后快的奇异景象，以及作者观察细致入微、描写形象精当的特点。

又如，在与学生一起感受和理解第11册《松坊溪的冬天*》一文中描写松坊溪初冬特有的美丽风光的几段话时，教师就宜采取引读方式，并提示学生朗读时跟随教师一道加上肢体动作。这样，借助朗读和演示，就会使学生在深切感受松坊溪初冬特有的美丽风光，体会语段中饱含的无限赞美之情的同时，又自然领悟到作者观察、描写的顺序（由远及近，再由近及远）和运用"反复"修辞手法的表达效果。

3. 边读边推算、描画

教学生一边默读，一边结合文章描述中提到的数字算一算，通过加一加、减一减、乘一乘、除一除，再细细想一想，进而深刻理解语言文字所蕴含的情意，感受文中人物的品格与思想境界，领悟这些数字在表达中所起的重要作用。

如在指导理解第10册《深山风雪路》一文中"我"与老吕"谈工作"这部分内容时，教师就需引导学生反复读一读，同时依据文中提到的数字列式算一算：在这条荒凉寂寞的深山风雪路上，这位朝鲜战场上的英雄，为给山中百姓送信送报，25年来一共走了多少路？通过朗读、推算,学生便会深刻感受到老吕不惧困苦与孤寂,无私奉献的崇高品格,并被他淡忘功绩、爱岗敬业、甘于奉献的精神深深震撼;他们也自然会领悟到记述中的这些数字,在刻画人物上所起的重要作用。

$$50 \times 365 \times 25 = 456250（里）$$
（1天）（1年）（25年）（总路程）

再如理解第9册《买小狗的小孩》一文中,那个家境贫困且腿有残疾的小男孩不要老板的施舍,还执意要花同样多的钱（100元）买下那只小瘸狗,并承诺以后每个星期会偿还5块钱,直到付完为止的相关段落时,教师就该启示学生抓住人物话语中提到的数字:算一算,照这样下去,他还需要多少个星期才能付清欠款?想一想,这个数字对他来讲意味着什么?通过推算和有感情地朗读,学生便会深切地了解到残疾的小男孩要花同样多的钱买下那只小瘸狗的决心以及对生命的尊重;便会深刻感受到他坚强的个性和自尊、自强、自立的品格——不但要买下这只小瘸狗,还要靠自己的积攒一点点还清欠款;便会领悟到这段语言描写以及其中的数字,在表达情意上的作用。

$$(100 - 5.62) \div 5 \approx 19（周）$$
（总价钱）（订金）（还需要的时间）

教学生一边默读,一边以简笔画的形式描画课文所描写的事物或景象。在这个过程中:学生借助默读,反复咀嚼语言文字,定会促使他们描画得不断准确;而不断修正、准确地描画,又定会促进学生不断加深对语言文字的准确感受和形象理解,进而提高朗读的质量。

如老舍先生笔下的《趵突泉》,文中有这样一段描写小泉姿态的话:"池边还有小泉呢:有的像大鱼吐水,极轻快地蹿上来一串水泡;有的像一串明珠,走到中途又歪下去,真像一串珍珠在水里斜放着;有的半天才上来一个水泡,大、扁一点,慢慢地,有姿态地,摇动上来,碎了;看,又来了一个!有的好几串小碎珠一齐挤上来,像一朵攒得很整齐的珠花,雪白;有的……这比那大泉还更有趣。"在指导感受和理解这段话时,教师就可以启迪学生边读边想象,同时结合作者的具体描写,尝试着绘画出小泉的种种姿态。这样，学生在反复品味文字、不断修正绘画、往返穿越学科的过程中，便会逐步准确、形象地体会到各种水泡的动态美，进而真切感受到作者对大自然的敬畏与赞美之情，以及作者描写生动、文中有画的表达特色。

综上所述，教师虽然只是从引领学生感受和理解语言文字的角度着眼，并未刻意地强调阅读与数学、美术等学科的穿越整合，然而教学效果和学生的实际获得肯定是多领域的、丰富的。

（三）诱前后"滚动式"阅读之径

很多文章，内容、情意非常深刻，往往不是一看就懂、一读就透的。这便需要引导学生学习并掌握一种比较复杂的感受和理解的方法——"滚动式"阅读。即，把文章看成一个完整的"球体"，看成一个相互关联、补充、说明的整体；在阅读过程中，时时注意把前后相关语段、内容组合起来，像"滚雪球"似的进行联系和对照、感受和理解。这是解决阅读疑难，不断提高思想认识，逐渐加深情感体验，进而把文章读懂、读深、读透，建构和丰富认知的一种重要阅读方式。

1. 联系前后几方面内容

不论记人叙事还是写景状物，作者常常要通过描述前后几个场面、几种事物或事物的几个方面，来表现人物，表达内心情意。对于这些文章，教师就要指导学生学习把前后几个场面、几种事物或事物的几个方面联系起来，在"滚动式"的阅读中，深刻感受人物品格及作者思想感情，并掌握这种研读技巧。

如第10册《在炮兵阵地上》一文，全篇先后详细描述了彭总"发火""道歉"这两个场面。在阅读理解以上内容后，教师又须启发学生将这两部分内容联系起来，进行"滚动式"阅读。于是，学生便会进一步理解到，这位曾经"横刀立马"、威震四方的共和国元帅：在阵地上发火，是出于他对国家安全的高度责任心，不允许边防、海防出现任何一点闪失；而在餐桌旁真诚道歉，发自肺腑地教育，目的是让团长解除思想负担，深刻认识肩负的重任，守卫好边疆、海疆，仍是出于他对国家安全的高度责任心。这样，学生对彭总的无限忠诚与人格魅力，以及作者选材、立意的初衷，便有了更加全面、深刻的理解。

又如第10册中的《桂林山水》，这是一篇脍炙人口的写景佳作。在感受漓江水之秀、桂林山之美以后，教师又须引导学生把这两部分内容组合起来，在"滚动式"的朗读中进一步体会和发现。于是，学生就会对篇首"桂林山水甲天下"、文末"舟行碧波上，人在画中游"两句，还有作者内心无限的赞美之情，以及文章重点部分（第2~3自然段）在全篇中的作用，有了更深的感受和理解。

2. 联系人物表现与事件背景

很多记人叙事的文章，作者开篇往往要先交代事件发生的环境、背景。这些看似无足轻重的文字，实则起着非常重要的铺垫或烘衬作用。对于这类文章，教师就要指导学生学习把人物的具体表现，与文首环境或背景描写联系起来，进行"滚动式"阅读，进而释解阅读中的困惑，走进人物的内心世界。

如阅读第10册《丰碑》一文重点段时，学生于矛盾处提出这样的疑问：天气严寒无比，身为红军队伍中掌管被服物资的军需处长为什么没有穿棉衣？他已经冻僵、牺牲，可神态为何那么镇定、安详？这是两个核心问题，是阅读理解本文的重点和难点。对此，教师就需提示学生把描写军需处长衣着、神态的段落，与篇首介绍这支队伍艰难处境（"装备很差"，却要"在冰雪中为后续部队开辟一条通路"）的段落联系起来，进行"滚动式"阅读。通过前后联系，想象军需处长牺牲前可能遇到的情况，以及做出生死抉择时的言行心理，学生便会疑团顿消，不但被军需处长舍己为人的崇高品格深深感动，还领悟到了文首环境、背景描写的铺垫作用。

又如教学俄国著名作家列夫·托尔斯泰创作的《穷人》（第12册）一课，在指导理解桑娜抱回孩子后复杂、忐忑不安的心理，以及渔夫严肃、忧虑的表情及果断的决定这两部分内容时，教师都应适时地引导学生分别将其与文首介绍桑娜家庭环境的段落联系起来，进行对照、"滚动式"思考。于是，学生不但会被这对穷困夫妇宁可自己受苦受难，也要帮助别人的高尚美德深深感染，同时也会深刻领悟到篇首环境描写的烘托作用。

3. 联系各部分内容与中心语段

不论记人叙事还是写景状物，根据表情达意的需要，作者常常会在文中直抒胸臆——直接点明文章中心。这些"牵一发而动全身"的中心语段，有的在篇首，有的在篇中，也有的在篇末。对于这类文章，教师就要指导学生学习把各部分内容与中心语段联系起来，进行"滚动式"阅读，以此促进学生对人物或事物的特点，及其作者的写作目的等，有更深的领会。

如现代著名散文家秦牧笔下的《仙人掌》，开篇就讲："仙人掌，嘿，这真是一种生命力顽强的奇特的植物！"接下来，便从四个方面对它进行具体描述：生命力强——不怕泥土硗瘠，不畏缺水、亢旱；自卫力强——遍身是刺，不惧野兽侵犯、害虫啮食；再生力强——一片绿色的仙人掌折断跌到地面，还能"落地生根"；花朵鲜艳——被墨西哥定为国花。指导阅读时，教师就可启示学生把具体描述的各方面内容，分别与篇首的中心段联系起来，进行"滚动式"的朗读。这样，学生便对仙人掌的特点，作者融于字里行间的赞美之情，先总述后分述、开合有序、有理有据的篇式结构等，有了更加深刻的理解和认识。

又如传统课文《我的战友邱少云》，篇中第8自然段具体记述邱少云在烈火中纹丝不动的表现。这是一个动人心魄、催人泪下的场面，也是文章的中心语段。在指导理解全文其他各部分内容，包括"这次战斗的形式（准备发动突然袭击）"，"我军隐蔽的环境（距离敌人很近）"，"当时的火势（火苗子呼呼地蔓延）"，"'我'复杂而痛苦的心理（担心、不敢看，但又忍不住不看）"，"全歼顽敌的过程（才用短短20分钟）"——教师都应时刻启迪学生与中心语段联系起来，进行"滚动式"阅读。于是，学生既会深刻感受到邱少云严守纪律、顾全大局的伟大精神，英勇牺牲的重大意义，也自然领悟到了文章的结构特点，以及侧面描写的重要作用。

4. 联系正文与篇章题目

很多文章，作者常常会借助题目揭示线索、主要内容、中心思想等。因此，组织阅读这类文章，指导学生学习把正文各部分内容与篇章题目联系起来，进行"滚动式"阅读，就显得十分必要。

如教学第 10 册《深山风雪路》一文，教师先后引导学生——将主人公（乡邮递员老吕）25 年如一日，坚持为百姓送信的经历，与那险恶寂寞的工作环境相对照；将他身为祖国功臣，本可享受国家照顾的资历，与他仍然坚持为山区百姓服务的行动相对照；将"我"劝他调换工作时，他那急迫不肯的情形，与他谈及往日功绩时那极为平静的表情相对照……在这多方对照、层层"滚动"理解的基础上，教师又指引学生把正文与题目联系起来"滚动"理解。这样，学生便对老吕不计个人得失，不居功自傲，只求无私奉献的光辉形象，以及全文正面刻画兼环境烘托的表现方法，有了更加深刻的理解与领悟。

又如，在指导学生阅读《狼牙山五壮士》一文后，教师又点拨学生把"诱敌痛歼""选择绝路""顶峰歼敌""英勇跳崖"各部分内容，与题目联系起来"滚动"理解。这样，学生就对"五壮士"英勇杀敌的壮烈气概，为祖国和人民甘愿牺牲的壮烈气节，以及文章命题的特点（点明文旨），围绕题目（中心）选材、组材的方法，有了更深的感受和认识。

需要指出的是，"滚动式"阅读的要领不单是如上介绍的几种情形，还应着重依据文本的具体呈现特点而定。教学实践中，难能可贵的是让学生学会这种研读方法，最终提高理解书面语言的能力。

（四）引"读进"与"读出"之策

阅读教学不同于一般的阅读，它有一条最基本的要求，就是要有"进"有"出"。叶圣陶先生称之为有"来"有"回"，在阅读中"走一个来回儿"。"进"，就是指导学生"读进去"，通过反复、仔细的阅读和思考，正确把握段篇内容，深刻理解词句含义，准确体会作者的思想感情，进而提高认识，受到感染和教育。这是一般的阅读。"出"，就是在

"读进去"的基础上,再引领学生"读出来",经过认真阅读和揣摩,理清段篇表达顺序,领悟作者表达方法,品味这样表达的原因与效果。此为高级的阅读。

之所以强调阅读教学要有"进"有"出",这是因为:阅读是一种吸收、内化的过程。在这个过程中,只有做到有"进"有"出",阅读的过程才算是完整的。也只有使学生养成既善于"读进去",又重视"读出来"这一良好阅读习惯,他们才能更快地提高阅读能力,同时不断从阅读中汲取写作营养,进而不断提高书面表达技能。

那么,在阅读教学中,怎样引领学生有"进"有"出",做到"进"与"出"有法可循?又怎么让学生掌握这种读法,并形成习惯呢?这当中是有侧重点、具体要求和教学技艺的。

1. 咀嚼关键词语的"进"与"出"

在咀嚼句子中的那些关键词语时,既需指导学生理解它的意思,还需引导学生体味它在表达情意方面的作用及感情色彩。

如第7册《珍珠泉》一文在描写泉水周围的景物时,有这样两句话:"周围镶嵌着高低错落的石头,上面长着一层黑里透绿的青苔。那绿得没有一点儿杂色的蕨草,那悄悄地开放着的花朵,给珍珠泉编了个朴素的花环。"在组织学生有感情地朗读句子,感受泉水周围美丽景色的基础上,教师又应提示学生:句子中"镶嵌""编"这两个词语可以分别换作哪些词语?作者在这里为什么只用"镶嵌""编"而不用其他的词语呢?学生经过换词比较、朗读揣摩,就会认识到:用"镶嵌""编"这两个词语,不但准确描写出泉水周围景物的特点,还化静为动,在赋予这些自然景物生命活力,突现泉池小巧秀美、花草繁密茂盛的同时,也尽情表达出作者内心的喜爱之情。这样,学生在理解词语的同时,自然也学到了恰当运用词语,准确表达思想感情的方法。

2. 理解重点句子的"进"与"出"

在理解段落、篇章中的那些重点句子时,既需指导学生了解句子讲了什么,表达了怎样的情意,还需引导学生认真体会句子在形式、方法、标点符号运用等方面的特点，以及这样表达的作用与效果。

如第10册《奇异的琥珀》一文在描述苍蝇和蜘蛛被老松树滴下的松脂包住的情形时，这样写道："两只小虫都淹没在老松树的黄色的泪珠里。它们前俯后仰地挣扎了一番，终于不动了。"在学生读通、读懂句子之后，教师还需启发学生进一步思考：作者这样写有什么好处？为什么不直接写"两只小虫都被老松树滴下的松脂包住了"？通过比较，学生就会很快领悟到：课文把松脂比作老松树"黄色的泪珠"，不但具体写出滴下的松脂的颜色和形态，而且还让老松树有了人的感情，于是就使得语言更加生动和富有情趣。

3. 研读精彩段落的"进"与"出"

研读文章中那些重点且精彩的段落，教师既需指导学生了解这段话主要讲了什么，体会字里行间蕴含着的思想感情，又需引导学生揣摩这段话是按照什么顺序记述的，是运用怎样的方法来表情达意的，领会这段话在全篇所起的作用。

如第9册《观潮》一文在介绍钱塘江大潮到来时的壮观景象时，有这样一段绘声绘色的描写："那条白线很快地向前移动，逐渐拉长，变粗，横贯江面。再近些，只见白浪翻滚，形成一道六米多高的白色城墙。那浪潮越来越近，犹如千万匹白色战马齐头并进，浩浩荡荡地飞奔而来；那声音如同千万辆坦克同时开动，发出山崩地裂的响声，好像大地都被震得颤动起来。"在指引学生放声朗读、充分想象，真切感受这气吞山河、动人心魄的壮观景象后，教师又须启发学生静心默读，专心揣摩这段话在表达方法上具有哪些妙处。于是，学生就会领悟到：作者按照涌潮由远及近的顺序，抓住潮宽、浪高、声响、势猛的特点，将眼见、耳闻与内心感受紧密结合，并巧用精当、恢宏的比喻，工整、对称的语言。正因如此，才将这"天下奇观"生动逼真地呈现在了人们的眼前。

4. 阅读优秀篇章的"进"与"出"

对于高年级教材中的课文，尤其是那些名篇佳作，教师不但要指导学生理解它主要介绍了什么，表达了怎样的写作目的，还要注意引导学生领会它在命题、选材、布局谋篇等方面的特点，以及作者的语言特色。

如第9册《老人与海鸥》一文，先写吴庆恒老人关爱海鸥就像关心亲人一样，十多年来每日赶往翠湖，给海鸥送餐并终日与之相伴（第1~13自然段）；再写老人去世后，海鸥竟在老人遗像前翻飞盘旋，落地肃立，扑翅鸣叫的悲壮场景（第14自然段~结尾）。教学时，在指导学生阅读全篇，感受老人与海鸥之间结下的深厚情谊，领悟作者通过（人物外貌、言行、神态）细节描写及场面描述来具体呈现这份情意的表达方法之后，教师又应启发学生将正文与题目联系起来，进一步思考：题目为什么拟作"老人与海鸥"而不是"海鸥与老人"？通过组织对比、体味，学生便会认识到：题目拟作"老人与海鸥"，不但突出了全文记叙的重点，也有助于让读者领会文章前后两部分内容之间的联系。于是，学生又从中学到了命题的技巧，以题目（写作目的与表达重点）统领全篇的要领。

为使学生更好地"读出来"，更加清晰地领悟篇章在表达形式与方法方面的特点，在高年级的阅读教学实践中，还需格外重视引导学生将单元中的几篇课文或跨单元同类型的一组文章，进行横向比较分析，以此帮助学生发现、提炼和总结表达规律，进而提高他们的读写本领。

如《挑山工》与《跳水》这两篇传统课文被编排在教材第10册同一个单元中。它们虽然都是记人叙事的，但在确立主题与布局谋篇上，却有着各自的特点。在教学这两篇课文之后，教师就有必要启发学生从命题、人称、表达顺序、记述重点、写作特色等方面，进行比较和评析。如此，学生便能从中领悟到忠实事物原貌，忠实真实生活，根据表达情意的需求来确定表达的重点和方法这一最基本的写作要领。

课文	命题	人称	表达顺序	记述重点	写作特色
《挑山工》	点明人物身份	第一人称	概括→具体→总结	挑山工登山的特点。	通过写人，重在说明事理。
《跳水》	点明中心事件	第三人称	起因→经过→结果	孩子陷入绝境的经过。	通过叙事，重在表现人物品质。

从阅读教学实际效果看，学生于"读出来"这个方面，是非常欠缺和薄弱的。而教师增强了"进"与"出"的意识，提高了自身研读和鉴赏文本的水平，加之又掌握了上述的一些基本方法，此种困难局面自然就会得以改观。

三、掌控有效教学要点

阅读教学中的"进"与"出"，绝不只是某个学段或年段的事。它直接关乎着各个学段、年段乃至每个单元的教学效益。为使阅读教学更加有效和高效，实践中还须注意掌控如下要点。

（一）突出学段目标重点

任何一篇文章，都是由一个个的句子、段落连缀而成的。因此，要学生把一篇文章读懂、读好，就必须引导他们逐句逐段、认认真真地读——先要"读进去"，再需"读出来"。学生连句子段落还没有读懂、读好，是根本谈不上把整篇文章读懂、读好的。然而，这并不是说对于句、段、篇章，各学段要平均使用力量。

第一学段（1～2年级），应把阅读指导的重点放在"词句"（一年级）和"语段"（二年级）上——着力引导学生理解词句、语段的意思，体会词句、语段表达的情意及其效果。

第二学段（3～4年级），需把阅读指导的重点放在"自然段"（三年级）和"结构段（也称'部分''大段'或'逻辑段'）"（四年级）上——在准确理解词句的同时，应着力引导学生理解段落的主要内容，体会段落蕴含的思想情意，领悟段落的表达顺序、方法及其效果。

第三学段（5~6年级），因学生已经具备了较强的理解词句、品味段落的技能，因此就该把阅读指导的重点放在"篇章"上——在准确理解词句、段落的同时，着力引导学生理解和归纳全篇的主要内容、中心主题，揣摩全文在命题、选材、布局、方法、语言等方面的特点。

此外，确定阅读指导重点时，除了要整体把握学段教学着力点之外，还需关注作者的写作目的，编者的具体意图。如第11册《将相和》一文，通过"完璧归赵""渑池之会""负荆请罪"这三个小故事，详细记述了将相二人由"不和"到"和好"的全过程，突显了蔺相如、廉颇以国家利益为重的崇高美德。教学时，依据第三学段要求及该单元承载的具体目标，就该引导高年级学生从篇章的角度，并借助相关历史文献资料，着力感受将相二人由"不和"到"和好"过程中所表现出的高尚品格，领会三个小故事之间的内在联系，篇章开头一段的作用，以及全文与题目的关系。

明确了学段教学目标，实践中又紧扣这一目标并突出了重点——如此，课堂教学实效，学生的实际获得，就有了切实的保障。

（二）合理分配精力投送点

对于句段含义深刻，篇章情节曲折，中心含蓄或有多重蕴意的文章，教学时就要把主要精力放在指导"读进去"这个过程上——组织学生认真查一查不理解的词语，反复读一读不懂的句段；启发学生联系上下文和生活实际，结合课外相关资料，深入想一想心中的疑难问题，进而加深对句段或篇章内容、情意的感受和理解。

然而选入教材中的更多的篇目，内容都是比较浅显的，情意也是容易理解和体会的。对于这类课文，就应把主要精力放在指导"读出来"这个环节上——引导学生细心揣摩文本的结构顺序，用心领会段篇的内在联系，静心领悟文章的表达方法，进而从中学习作者观察思考的方法，表情达意的技巧等。

如第11册《开国大典》一文，篇幅虽长，内容与情意却很容易理解、领会。因此教学中，教师就应把主要精力放在指导学生"读出来"

这个环节上：揣摩全文是按照怎样的顺序记述的，品味作者是怎样描写"会场""典礼""阅兵""游行"这些重大场面的，领会文中排比句、对偶句、比喻句在表情达意方面具有的效果……如此，让学生在感受新中国人民大众万丈豪情的同时，最大限度地从中汲取表达的营养。

（三）把握课文主要特点

一篇课文，尤其是在表现形式与表达方法上，一定会有很多特点值得学生学习和效仿。那么，哪些是学生最可学、最应学的呢？这便需要教师在指导学生"读出来"的过程中，要善于抓住全文的主要特色，尤其要重视跟本学段的教学目标与学生习作中的薄弱方面联系起来。这样有重点、有选择地吸收，才可保证学生读一篇就有一篇的收获。

如第9册《老人与海鸥》一文，外貌描写、言行描写、神态描写、场面描写、侧面描写都很出色。其中，借助题目突出全文记叙的重点，通过细节描写来具体表现老人对海鸥的关爱，这是本文最突出的写作特点，当然也是高年级学生在习作中最欠缺的方面，是他们最需要学习的。

四、关注学科德育融入

将学文与育人融合为一，并重并举，相互促进，实现"工具性与人文性的统一"；把德育融入阅读教学，让阅读教学真正承担起德育的职责——这既是语文课程的性质和基本特点，也是语文教育的基本准则，更是我们在近70年来的语文教育实践中总结出的最宝贵的经验。以往的教学实践告诉我们："两性"之间偏轻哪一个方面，语文课程都会出现重大失误。

然而，在实际的阅读教学中，这方面的问题却不小。或因重视语言文字训练，注重培养语文能力，而忽视人文性目标；或因强调人文性因素，而又弱化了对文本语言文字的感受与理解，淡化了听说读写训练。从教学技术层面讲，脱离文本而灌输人文教育，或把达成工具性目标置于落实人文性目标之中，都是常有的现象。

那么，该怎样把学科德育自然地融入阅读教学之中，让阅读教学真正承担起应有的育人职能，使工具性与人文性的体现相得益彰呢？

（一）增强学科德育的主动性

在教学实践中，大家肯定会有这样深切的感受：每节课，哪怕是教学同一篇课文，教师积极且有针对性地渗透学科德育，与无意识、任其自然地领会，对学生感染和教育的效果，是截然不同的。再者，虽说学科教学中的"工具性"与"人文性"是相辅相成的，但也绝不是说"工具性"训练到了位，其肩负的"人文性"目标就会自然地得以落实。

如对于第9册《井》一文，教师既需针对单元训练要点，重视指导学生"了解井水的特点及其带给'我们'的甜美和欢乐"，"给课文分段且掌握用合并自然段给文章分段的方法"，"归纳段落大意"，"领悟重点段落先概括后具体的记述方法"；又须结合朗读、随文练笔等基本训练，着力培养学生"懂得感念以辛勤劳动给后代带来无限幸福的先辈"的感情。

又如对于第11册《一个这样的老师》一课，教师不但要重视指引学生"理解含义深刻的语句"，"感知主人公怀特森老师的独特形象"，"领会侧面描写的作用"，"练习以读后感的形式评价人物"等；还要结合学文、情景互动等，启迪学生初步形成"要敢于怀疑，不盲目崇拜书本和老师"，"要学会用事实和科学思维方式，去坚持真理和纠正错误"这一情感态度与价值观念。

简而言之，就是要增强学科德育的主动性。那种"'工具性'训练加强了，'人文性'目标也就达成了"的观念，是立不住的，不可有的。

（二）把握"两性"统一要领

"人文性"是各门课程共有的属性，而"工具性"则是语文课程专有的特征。这正如叶老所说："国文教学的重心在于语言文字。虽然国文教学富有'教育意义'，但这不是它的'专任'。"[①] 从哲学意义上讲，共性是融于个性之中的。基于如上认识，我的观点是：在阅读教学中，须将

---

① 《叶圣陶语文教育论集》，教育科学出版社，1980年版，第56页。

"人文性"目标的浸润达成,融于学科"工具性"训练之中。即,要在认真实现"工具性"教学目标的过程中,积极主动地落实"人文性"教育;通过扎实体现学科的"工具性",促进"人文性"目标的更好落实;以正确落实"人文性"教育的语文实践活动,来进一步锻炼学生感受和理解语言文字的能力,提升学生的基本语文素养。这是因为,抛开"工具性"目标而讲"人文性",或将"工具性"目标融于"人文性"教育的体现之中,就都不是语文课了。

如针对第11册《将相和》这篇感人至深的课文,怎样实现长文短教,让学生在"理解课文内容""感受和评价人物""领悟全文选材和组材特点"的过程中,深刻感受将相二人以国家利益为重,不计个人生死安危、荣辱得失的高尚品德呢?

在布置学生充分预读课文,自学生字新词,了解全文记述的主要事件,理清篇章层次,书面归纳段落大意(或从文中找出适当的词语作为故事的小标题),标画并提出疑难问题,查阅相关资料以尝试自我解疑释惑的基础上,引导学生抓住"将相二人的哪些言行表现令你钦佩和感动"这个统领全篇的问题:

①把蔺相如自告奋勇、捧璧赴秦时的坚定承诺,与他在秦国宫廷上智斗秦王的经过,既完璧归赵又使对方找不到动兵理由的结果联系起来,深切领会蔺相如为维护国家利益所表现出的非凡胆识与机智,进一步巩固"抓住言行表现并结合前后语段深刻感受人物"的阅读方法。②把蔺相如在渑池会上以命相拼、勇斗秦王的壮举,与原文《廉颇蔺相如列传》中相关描写联系起来,借助白话理解文言,又借助文言深切领会蔺相如为了维护国家尊严挺身而出,把个人生死置之度外的英雄气概,进一步强化"抓住言行表现并结合课外相关资料深刻感受人物"的研读方法。③把蔺相如"威信敌国"却"退而让颇",廉颇躬身自省并负荆请罪的感人情形,与课文第1自然段——"战国时候,秦国最强,常常进攻别的国家"联系起来,深切领会将相二人以国家利益为重,不计个人荣辱得失的崇高美德,进一步内化"抓住言行表现并结合上下文深刻感受人物"的品读

方法。④横向比较"完璧归赵""渑池会见""负荆请罪"三个故事,再将这三个故事与题目联系起来,在准确领悟全文结构特点的同时,深刻领会作者高超的组织材料和刻画人物的方法。

在这样有策略的教学过程中,学生必定是"文""意""法(读法、写法、学法)"兼得,既提升了感受与理解、欣赏与评价的能力,又切实受到了爱国思想教育,实现了"工具性"与"人文性"无痕的统一。

(三)促使入情且生情、动情

将文本自身蕴含的德育因素,自然融入于对语言文字的感受与理解、欣赏与评价、积累与运用之中——通过有重点的咀嚼文字、朗读背诵、情景互动等,让学生在与文本真情对话的过程中,受到感染,产生共鸣;借助阅读中精心安排的换位思考、想象练笔、拓展延伸等,促使学生在提高语文能力的同时,形成正确的情感态度和价值观。总之,就是要凭借着教师主动地融入,有针对性地渗透,使学生在听说读写训练的过程中,从入情到生情,由生情到动情,思想受到触动,身心受到浸染,认识得到矫正,进而促进学生形成良好的外显行为。

例如,对第8册《山沟的孩子》这篇内容极富教育性,结构工整对称,语言饱含感情色彩且有如诗歌一般优美明快的短文:课堂上,教师先要学生轻声读文,读后说说大意;接着,让学生默读思考"从哪儿看出山沟的孩子上学艰苦";然后,组织研讨,朗读句段,体会作者对山沟孩子们的喜爱之情;最后,安排学生读读末尾两段,说说他们为什么要刻苦学习。

显然,这课上得还算通畅,但在体现学科特点,尤其是在阅读教学中积极融入和落实德育方面,让人总有隔靴搔痒之感。难道只是让学生了解山沟的孩子上学艰苦?只是体会文章作者对山沟孩子们的喜爱之情?教学中,怎样让教室内这些生活在城市里娇生惯养的,生活条件及学习环境十分优越但并不感到优越的学生们,在学文与听说读写练习的同时,能够从中受到感染、触动呢?这不光要有主动融入的意识,还要有建立在把握学情基础上的教育智慧。例如:

上课前，教师走到学生当中，以自由谈话的形式让大家说说各自上学来的情况，如几点起床，家庭距学校有多远的路程，所走的道路怎样，一路要走多长时间等。就是这极为轻松的谈话，便自然地将学生引进了将要阅读的文本内容之中。

上课的铃声响后，教师随即话锋一转：山沟里就像我们一样大小的孩子们，他们又是怎么上学的？接下来便由"整体感知"到"逐部分细读"，引导学生在细心咀嚼语言文字，以多种形式反复朗读重点句段的过程中——感受山沟里的孩子们每日早出晚归、披星戴月、翻山越岭，听着远处不时传来的狼嚎犬吠之声，却说说笑笑、快乐无比的上学情景；体会大山里的孩子们为了寻找"金钥匙"，打开智慧的宝库，用聪明才智改变村庄、改变山沟的穷困面貌，而日日夜夜、夜夜日日、辛勤刻苦学习的高昂热情；领悟课文工整匀称的段落结构，富有感情色彩并且优美明快、朗朗上口的语言特色，以及借描写上学、放学路上的景物及景物颜色的变化，来说明山道崎岖难行，路途十分遥远，跋涉时间漫长的表现方法……就是在这循序渐进、由浅入深的导读过程中，便让眼前这些平日里娇生惯养，身在福中不知福的学生了解到外面的世界，知道大山里还有这样可爱的、令人感动和赞叹的同龄人。于是，他们的小脸红了，读书的声音有些颤抖了。

学生从内心受到感染、触动的神情，被教师看在眼里，于是将教学环节又向前推进一步，顺势启发说："学了课文，了解到山沟的孩子们为了寻找'金钥匙'，为了改变山村穷困面貌，每日披星戴月、辛勤刻苦学习，但他们却一点不觉得苦的感人情形后，同学们肯定有话想对他们说，也肯定有话想对自己说，或对老师、爸爸妈妈说。下面就请大家任选一位'倾听'对象，把心里想说的话写下来，好吗？"情动而辞发——从学生"我要以你们为榜样""珍惜眼前幸福的学习时光""感谢老师、爸爸妈妈对自己的严格要求"等话语中，看得出，学生真正从内心受到了感染、教育。

可以说，这样的课才是有实效的，而且是高效的，才很好地实现了工具性与人文性的有机统一。因为，教师把课上到了孩子的心中，教学内容已经融化为了学生情感、认知的一部分；学生在学文过程中，既锻炼了听说读写能力，又在感受、理解、积累语言和运用语言文字进行真情表达的过程中，受到了情感熏陶和思想浸染。

第三节 回归整体强化基本练习

教材中安排在每个单元最后面的"语文实践活动"（过去称"基础练习"），是教材的重要组成部分。它重在帮助学生梳理和积累基础知识，强化并提升实践能力。其中安排的各项练习内容，既与本单元的阅读篇目有着紧密联系，又自成序列。因此，在单元文本教学结束后，我们不应简单地按照"一、二、三……"的题序，孤立地完成"语文实践活动"中的各项练习，而是要再次回归单元整体，统筹安排，强化单元训练项目与重点，提升听说读写能力，在不增加课时的前提下，确保最大限度地提高单元整体教学效果。

一、总结并强化阅读技能练习

在此方面，可以采取"两步走"的教学思路：先是引领回顾与总结——启发学生回顾阅读该单元各篇目的大致过程，或再补充一些单项阅读技能练习，进而帮助学生提炼和总结出本单元所应掌握的阅读技法与规律。然后组织独立阅读实践——即，激发学生运用学到的阅读技法与规律，独立阅读"语文实践活动"中的短文（或其他补充性的课外读物），独自完成短文后面的各项练习，以此检测和评定学生相应的阅读能力。

在回顾与总结的基础上，通过加强独立的阅读实践，就有效地提高了学生理解书面语言的能力，增强了学生分析、归纳、概括的技能；通过加强阅读检测评价，又及时检验了学生对本单元阅读训练项目、训练重点的掌握程度，为后续的进阶性训练内容，奠定了基础。

如第8册第2单元，安排了《古诗词三首》(《春日》《忆江南》《清明》)和《小珊迪》《爷爷的芦笛》三篇精读课文，一篇略读课文《冰激凌的眼泪》，还有"语文实践活动"。单是在阅读方法与技能方面，本单元要求学生"继续学习联系上下文理解词句的意思，体会关键词句在表情达意方面的作用"，尤其是"能够初步把握文章的主要内容"。针对该单元阅读训练目标，我们就可采取如下的教学过程（1学时）。

（一）回顾、总结和提炼技法

首先，引领学生温习单元中的阅读篇目与重点训练内容。第一篇《古诗词三首》：任选其中一首，背一背（指名；齐诵）。第二篇《小珊迪》：课文是按照什么顺序记述的（事情发展顺序）？全文主要讲述谁的什么事？——引导学生把事情的起因、经过、结果串联起来说一说。第三篇《爷爷的芦笛》：本文又是按怎样的顺序记叙的（事情发展顺序）？全文主要讲了谁的什么事？——启发学生再次练习把事情的起因、经过、结果串联起来说一说。

然后，帮助学生总结把握这类文章主要内容的技法。即，对于按照事情发展顺序连段成篇的课文，把事情的起因、经过和结果串联起来，就是全文的主要内容。

随后，激励学生运用"串联起因、经过、结果"的技法，说说《冰激凌的眼泪》这篇略读课文的主要内容。结合学生在口头归纳过程中出现的具体问题，给予有针对性的提示和点拨，以此强化学生把握这类文章主要内容的要领。

（二）在独立实践中形成技能

即，鼓励学生迁移并运用学到的归纳方法，独自阅读"语文实践活动2"第五题中的短文——《相信自己的鼻子》（短文从略），边读边思考短文后面的练习项目：①说说短文的主要内容。②"与众不同"是什么意思？这个孩子有什么"与众不同"之处？③说说你对"应该相信自己的鼻子"这句话的理解。

接下来，就以小组为单位：提示学生互相说一说；再对照"学习效果评价"标准，议一议，评一评。

学习效果评价设计：

口头回答短文后面的练习项目	学习效果评价标准 ★★★★★	★★★
①说说短文的主要内容。	能正确串联起因、经过、结果；语句通顺。	能串联起因、经过、结果；语句比较通顺。
②"与众不同"是什么意思？这个孩子有什么"与众不同"之处？	理解词义正确，回答的内容准确、全面；语言通畅、连贯。	理解词义正确，回答的内容基本准确、全面；语言比较通顺。
③说说你对"应该相信自己的鼻子"这句话的理解。	理解句意正确，能结合短文内容和生活实际来谈；语句通畅、连贯。	理解句意基本正确，能结合短文内容来谈；语句比较通顺。

这样，通过有重点的回顾、总结，及其有针对性的独立实践，就使学生在温习单元主要学习内容的同时，强化了"串联起因、经过、结果，归纳文章主要内容"的技法，初步形成了目标要求的把握篇章主要内容的阅读技能。

二、梳理并强化表达技能练习

实践中，我们可以尝试如下"四步走"的方案：首先，引领梳理与归纳学到的表达技法。即，通过引导梳理并归纳单元中这组课文在选材立意、布局谋篇、描写抒情等方面的特点，进而帮助学生较为系统地了解这类文章的表达要领，为学生高质量地完成本单元口语交际和习作练习，提供可资借鉴的方法策略。

接着，指引口头及书面表达练习。即，针对该单元"语文实践活动"中安排的口语交际与习作训练内容及其内在联系，激发学生迁移和运用从本单元课文中学到的表达方法，先说后写，分别进行口头及书面表达练习（习作初稿）。

随后，组织反顾并强化基础知识练习。即，放手让学生独自完成并自我评定该单元"语文实践活动"中安排的（除阅读、口语交际、习作练习项目之外的）各项基础知识作业，在进一步巩固基础知识的同时，为学生进一步修改完善单元习作初稿，给予字词句段及标点符号等基础知识方面的有力支持。

最后，激励修改和誊写习作。即，鼓励学生结合本次习作训练的目标与要求，从宏观到微观，对单元习作初稿进行反复的自我修改、相互修改，仔细检查和修正其中于字词句段、标点符号等方面出现的问题，认真誊写习作。

如第8册第3单元，选编了一组写景状物的文章，分别是《美丽的小兴安岭》《威尼斯的小艇》《观潮》《北京的长城*》。该单元"语文实践活动"中安排了如下四方面内容：①基础知识方面——"先给指定的字加上偏旁组成新字，再用这个新字组成词语"；"读句子（本单元课文中出现的带有各种不同比喻词的比喻句），再选择并运用当中的两个比喻词写句子"；"给短文加上标点符号（尤其要能结合具体语言环境正确使用冒号、引号、问号、叹号）"；"按事情发展顺序，把排列错乱的句子连成一段通顺的话"。②阅读方面——阅读短文《美丽的西藏》，完成后面设置的各项练习，包括："说说短文是从哪几个方面写出祖国的西藏是个可爱的地方"；"找出自己喜欢的语句并摘抄下来"。③口语交际方面——"向同学介绍自己在游览祖国名山大川或异国风光过程中，看到的景物，收集的图片或其他资料；其他学生听后可以做相关补充"。④习作方面——"选择自己喜欢的一处景点，自拟题目，写一篇习作"。

显然，在口头与书面表达方面，本单元要求学生精心选择自己喜欢的一处景点，并借鉴单元这组课文及《美丽的西藏》一文的表达方法，从几个方面且要抓住景物特点和内心感受，进行具体的说、写表达练习。

针对本单元口头与书面表达训练的目标，选编的课文和口语交际、习作训练内容之间的联系，于学完这组课文并在组织完成"总结并强化阅读技能练习"之后，就可采纳如下的教学方案（共4学时）。

（一）梳理与归纳表达技法

引领学生浏览单元中的这组文章，并借助表格说说它们在确定记述景点、选择主要景物、安排结构顺序等方面，各有怎样的特点（独自揣摩→组内议论→集体交流→引导归纳）。于此基础上，还可激励学生读读且摘抄这组文章中形象、生动的句子。

特点＼篇目	《美丽的小兴安岭》	《威尼斯的小艇》	《观潮》	《北京的长城*》	《美丽的西藏**》
所选景点	一个	一个	一个	两个	一个
主要内容	记叙小兴安岭的树海一年四季美丽、诱人的景色。	记述古老的水上城市威尼斯的风土人情。	描写钱塘江大潮的奇特景观。	描述司马台长城、八达岭长城的壮观景象。	介绍祖国西藏壮美的山河，丰饶的资源。
特色景物	树海	小艇	涌潮	长城	高山、蓝天、湖泊、森林等
结构顺序	先总述，再分述（春→夏→秋→冬），后总结。	先总述，再分述（小艇样子→船夫技术→小艇作用）。	先概括，后具体（潮来前→潮来时→潮头过后）。	利用小标题分别叙述（司马台长城、八达岭长城）。	先总述，再分述（高山→蓝天→湖泊→森林→矿藏），后总结。
表达情感	表达对小兴安岭的喜爱之情。	展现古老水上城市的风土人情。	表现钱塘江大潮壮丽景象和给人的震撼。	表达对雄伟壮观的北京长城的赞叹。	表达对祖国大好河山的无限赞美。
语言特色	比喻（像、就像、真像）；拟人。	比喻（像、仿佛）；拟人。	比喻（好像、犹如、如同）。	比喻（有如、活像）；排比。	比喻（像、又像）；反复。

通过梳理和归纳，学生不但加深了对这组文章的表达方式方法的领会，又吸收和内化了规范且生动的语言，丰富了语言材料积累，也为后面

的说、写表达实践，提供了方法及语言材料方面的支持。

（二）练习口头及书面表达

首先，于提前布置、充分准备的基础上，指导学生完成单元"口语交际"练习。在布置任务、认真准备环节，则需提示学生：广泛回忆外出观光的经历，精心选择自己要介绍的景点（务必是去过的、印象深刻的地方）；确定并抓住该景点具有特色的景物，以及自己觉得新奇有趣的或印象最深、最受感动的内容；合理设计介绍的顺序，努力把景点的景物特色和见闻感受，讲述清楚、具体；反复推敲语言，力求生动、形象。在进行"口语交际"练习过程中，又需提示倾听的学生，踊跃提出问题，对感兴趣的问题适时进行补充，使说者与听者互动起来。

随后，激发学生自拟题目，完成单元习作练习。习作时，需再次提示学生：学习运用单元这组文章及"口语交际"时所用到的表达方法，努力把景物特点和见闻感受，记述清楚、具体；学习运用在课内外阅读和生活中积累的语言材料，特别是有新鲜感的词句；写完后认真读一读，反复改一改。

这样，先"说"后"写"，使口语交际练习在发展口头语言、提升口语交际能力的同时，也为习作练习准备好了腹稿；"说"后便"写"，"写"与"说"紧密衔接，通过书面表达练习，又使学生的思维更缜密，语言更规范。

（三）反顾单元基础知识

在学生初步完成习作后，接下来，组织反顾并完成该单元"语文实践活动"中安排的各项基础知识作业。

通过练习"先给字加上偏旁组成新字，再用这个新字组成词语"，进而提示学生：书面表达时，不但要把字写对，还要用对；通过练习"读句子（本单元课文中出现的带有各种不同比喻词的比喻句），再选择并运用当中的两个比喻词写句子"，进而提示学生：书面表达时，要灵活运用比喻词，学习正确使用"比喻"这种修辞方法，以此具体、形象地描绘事物特点，尽情抒发内心感受；通过练习"给短文加上标点符号（尤其要能结合具体语言环境正确使用冒号、引号、问号、感叹号)",进而提示学生：书面表达时，要正确使用标点符号，学习运用问号、感叹号、引号等，辅助自己准确地表情达意；通过练习"按事情发展顺序，把排列错乱的句子连成一段通顺的话"，进而提示学生：书面表达时，应根据需要合理安排表达顺序，力求围绕一个意思，把重点部分写清楚、具体。

这样，就将基础知识练习与书面表达运用紧密结合起来，使基础知识练习再不是孤立的、为了练习而练习，进而实现了以基础知识练习促进书面表达和交流，在书面表达和交流过程中运用并巩固基础知识的良好愿望。

(四) 修改和誊写单元习作

这是整合单元内部资源，收获并检验读、写教学效果的重要一环。在组织修改及誊写的过程中，应热情引导学生：大胆运用所学表达方法，积极借鉴基础知识练习所得；结合单元习作训练目标，从结构条理、内容具体的程度等方面，认真自我修改（三读三改）、相互修改，细心检查和修正习作在字词句段、标点符号等方面存在的问题，使修改与誊写的过程成为进一步完善习作，进而提高自身书面表达技能的过程。

学生誊写习作后，教师需及时阅览并详细记录习作中的优点与不足，准备组织集体赏评，以便发扬优点，确定新的发展点。不能拖延，又切莫草草了结。

通观如上训练环节——从引领梳理与归纳学到的表达技法，到指引口头和书面表达练习；从组织反顾并强化基础知识练习，到激励学生修改和誊写习作——统合相关练习要素，发挥课本资源优势，在锻炼和增强表达技能的同时，也进一步推动了学生的识字、写字、阅读等。

三、以综合实践发展语文素养

对于"语文实践活动"中安排有"综合实践活动"的教学单元，在落实"四步走"的方案时，需格外注意多重目标的有机整合，充分发挥其相互促进的作用。即，在巩固语文基础知识、增强听说读写技能的过程

47

中，培养学生正确的情感态度和价值观；使学生在逐步形成正确的情感态度和价值观的同时，不断学习、巩固和运用语文基础知识，逐步增强听说读写技能。

如第6册第5单元，选编了三篇精读课文，分别是童话《七颗钻石》、诗歌《我希望有一支神笔》、叙事短文《真正的施主》，一篇略读课文《重要电话》，以及"语文实践活动5"。在"语文实践活动5"中，又安排了三项实践内容：①基础知识练习（用字组词语，了解汉字构成规律；分类抄写词语，初步了解词性；用修改符号修改病句，懂得表达要句子完整，用词准确，词语搭配恰当，意思不重复；读句子，体会冒号、引号的用法，然后写一两句话，用上冒号和引号）。②阅读练习（先默读短文《好事情》，再联系上文展开想象，接续结尾写话，学习正确运用冒号和引号）。③以奉献爱心为主要内容的"综合实践活动"。

很显然，本单元教学目标十分明确。在情感态度与价值观方面：让学生懂得做人要有爱心，不仅对自己的父母有孝心，还要关心其他人，包括那些遇到困难的素不相识的人；要保护动物，爱护周围的生活环境；要从身边的好事做起，从小事做起，不能异想天开、好高骛远。在知识与技能方面：继续练习默读和朗读课文；学习在语境中体会关键词句的意思；于修改练习的实践中学习修改，懂得表达要用词准确，词语搭配恰当，意思不重复；学习正确、规范使用冒号和引号。

针对本单元承载的多重教学目标，在学完各篇课文后，就可采取如下施教方案（4学时）。

（一）把握主题且梳理表达方法

以漫谈的形式，组织学生说说本单元这组课文中，令自己最感动的人和事，进而使学生发现并整体把握这组课文的情感主题——要懂得真诚关爱。

"这些课文又是以怎样的方式，来具体表现'真诚关爱'这一思想感情主题的？"首先，组织放声朗读《七颗钻石》一文中描写小姑娘找水、送水的语段（其间，可以借助句子删减比较的形式），帮助学生进一步领会课文主要通过描写人物行动来具体表现人物品格的方法。接着，引领朗读或背诵《我希望有一支神笔》中第1~2节诗歌，让学生进一步明晰作者主要通过具体描写"我"的心理来表现爱心的方法。然后，提示学生读一读略读课文《重要电话》中描写作者心理的语段，要学生知晓作者主要也是通过具体描写自己的心理活动来表达思想感情的。最后，出示并引导有感情地朗读《真正的施主》一文中描写主人公行动、神态、语言的句段（还可以借助句子删减比较的形式），使学生进一步领悟课文通过具体描写人物言行神态来表现人物品格的方法。

课文篇目	文体类型	表现方式	情感主题
《七颗钻石》	童话	行动描写	真诚关爱身边每一个需要关爱的人或物
《我希望有一支神笔》	诗歌	心理刻画	
《重要电话*》	叙事性作品	心理刻画	
《真正的施主》		言行神态描写	

通过如上梳理过程，学生对单元中这组篇目的文体类型、情感主题、主要表现方式等，就有了比较全面和深刻的了解。

（二）独立阅读并深化情感主题

"有一个名叫小猛的小朋友，他读了本单元中这组课文后，很受教育，也想像课文中的人物一样为别人做些好事，奉献自己的爱心。他是怎么做的呢？"接下来，就组织学生默读"语文实践活动5"第五题中《好事情》一文（短文从略），并独立完成后面的作业——把"妈妈"对小猛说的话补写在短文结尾的括号里（提示学生正确使用冒号和引号）。

通过独立阅读、补写结尾、交流讨论，进而让学生懂得：奉献爱心要从身边的好事做起，从小事做起；不能想入非非、空想不做。这样，在阅读实践中既深化了单元文本的情感主题，又进一步矫正和提高了学生的思想认识。

（三）在综合实践中落实主题教育

借助该单元"语文实践活动"中设置的"综合实践活动"内容，开展以"奉献爱心"为主题的综合实践活动。活动又可遵循如下步骤展开：

1. 明确任务、观察了解

"在我们的周围，有的人需要关心与帮助，环境需要保护与改善……我们可以做哪些力所能及的事呢？让我们行动起来，观察、了解周围哪些人需要帮助，需要什么帮助……想想自己能做些什么？"接下来，就让学生读一读课本中"综合实践活动"的具体安排、步骤，进而明确任务与要求。及时提醒学生：在课下观察、了解的过程中，注意做好书面记录；做书面记录时，要写清时间、地点、见闻、感受。

2. 交流讨论、制订方案

先组织学生结合课前的观察、了解和记录，把个人的发现、感受及打算说给小组的同学听。于此基础上，要求各小组从中选择一件事，集思广益，制订"奉献爱心"书面行动方案，并提示学生：行动方案要写清时间、地点、行动内容、活动目的、人员分工等。接着，安排各小组在班上登台汇报，征求意见。随后，激发各小组再次修改、完善行动方案。

3. 付诸行动、奉献爱心

鼓励各小组依据制订的"奉献爱心"行动方案，积极行动起来，利用课外时间，集体做好事，落实方案内容，实现自己美好的愿望。

4. 汇报感受、书面表达

"在这次行动中，同学们都有哪些感受？请大家选择实践中感受最深的内容说给本组同学听。"在以小组为单位，组织交流汇报的过程中，需及时引导学生：要努力说清行动的详细经过，行动中人物的具体表现，自己内心的真实感受；语言要尽可能做到清楚、通顺、连贯。而后，请各小组推选代表讲给全班同学听。

随后，布置学生选择实践活动中自己感受最深的内容，写一两段话。要求如下：具体写出行动的经过，行动中人物的表现，自己内心的感受；语句要通顺、连贯，正确使用学过的标点符号，特别是冒号和引号；写完后要认真修改。

然后，结合此次习作要求开展集体评议。评议时：引导学生以"赏"

为主，自赏、互赏相结合；提示学生，每发现三条优点后才可以提出一条修改建议。结合集体评议，组织学生再次修改自己的习作。

5. 反顾基础、巩固知识

在布置学生课前独立完成单元"语文实践活动5"中第一、二、三、四题（基础知识练习）的基础上，组织逐一订正。第一题：先比一比（同音字、形近字），再分别组成词语，然后说说你发现了什么——通过同桌互相检查，讨论发现，进而使学生了解一些汉字的构成规律。第二题：把词语按提示分为三类（表示人或事物名称的，表示动作的，表示人或事物样子、状态的）抄写下来——通过集体订正，再举些每一类的其他词语，进而使学生初步了解一些词性方面的知识。第三题：用修改符号修改病句——通过集体订正，进而使学生懂得表达要句子完整，用词准确，词语搭配恰当，意思不重复。第四题：读句子，体会冒号、引号的用法；然后写一两句话，用上冒号和引号——通过同桌互相检查，进而让学生学习并懂得冒号、引号的正确用法。

6. 完善习作、誊写展示

启发学生运用"基础知识练习"中所掌握的知识，完善并誊写习作，努力做到用词准确，词语搭配恰当，意思不重复，句子完整，正确使用冒号和引号。接下来，总结单元学业成绩，布置学生把修改、誊写好的习作，张贴在教室的"专栏"中，办一期"献爱心"习作展览。

针对单元教学内容及承载的多重目标，上述教学的全过程实现了如下两个"整合"：

一是将单元中各篇课文有机整合。先启发学生回顾各篇课文主要内容，把握单元情感主题；再引导学生进一步领会诸篇课文的基本表达方法。这样就实现了单元阅读教学的"两个回合"，让学生既正确且深刻地感受和理解了这一组文本的内容、情意，又从阅读当中学到了基本的表达方法，汲取到了所需习作"营养"。

二是将文本阅读与"语文实践活动"有机整合。在学生深受感动、明晰单元情感主题的前提下，引入独立阅读（《好事情》）、思考环节，进而让学生知道人不但要有爱心，勇于奉献爱心，还要注意从身边小事做起，从现在做起，不能想入非非、空想不做。这样，既实现了导读、练读、独立阅读的紧密结合，催生了学生的阅读能力，同时又让学生受到更加现实、深刻的思想教育，为后面的"奉献爱心"行动奠定了思想基础。在接下来的"综合实践活动"中，通过指导学生观察"需要爱"、讨论"设计爱"、行动"奉献爱"、习作"表达爱"等系列实践，实现了书本学习与社会实践的紧密结合，学语文与学做人的融合统一，既使学生的听说读写能力得到整体发展，又使学生的心灵得到陶冶与净化。在反顾和巩固本单元基础知识后，再次引导学生结合学习所得，修改、完善各自的习作，这样又实现了字词句段等基础知识教学与听说读写能力培养的有机统一。

结束语：由单元整体设计，到着眼整体施教，再回归单元整体，强化基本技能训练，使整个单元教学过程瞻前顾后、环环紧扣、彼此支持，将单元教学内容在全册教材中所承载的"三维目标"相互渗透、融为一体，循序落实、巩固与提高。这样，就充分发挥了教材"例子"的功能，凸显了单元思想教育主题、语文技能训练主题，节省了单元教学用时，确保并最大幅度地提高了单元教学的整体实效。

第二章

读写双结合教学

课本中的内容、篇目确是重要的教学资源。然而，如若眼中只有课本，课堂上只以"本"为本，并且阅读归阅读、表达归表达，阅读与书面表达不相融通、彼此脱节，课堂教学的实效以及学生的语文能力、学科素养、长远发展等，都自然无疑地会受到严重影响和阻碍。如何破除这些影响和阻碍呢？践行"双结合"教学，便是一条重要的并且已被实践证明了的有效路径。

第一节　概念内涵与实践缘起

一、什么是双结合教学

双结合教学，全称为"读写'双结合'教学"，即从小学起始年级开始，就积极地践行"课本阅读与课外阅读结合""阅读与书面表达结合"的语文课堂教学方式，并形成自觉的教学实践行为（见图1所示）。其中：

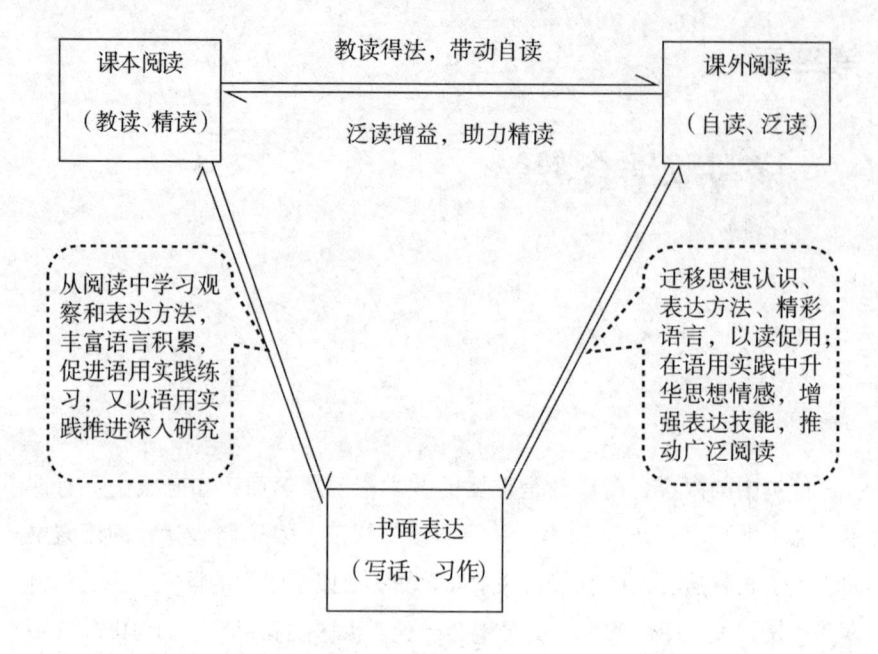

```
┌─────────────┐   教读得法，带动自读    ┌─────────────┐
│  课本阅读   │ ←──────────────────── │  课外阅读   │
│（教读、精读）│ ────────────────────→ │（自读、泛读）│
└─────────────┘   泛读增益，助力精读    └─────────────┘
```

```
┌ ─ ─ ─ ─ ─ ─ ─ ┐              ┌ ─ ─ ─ ─ ─ ─ ─ ┐
  从阅读中学习观                     迁移思想认识、
  察和表达方法，                     表达方法、精彩
  丰富语言积累，                     语言，以读促用；
  促进语用实践练                     在语用实践中升
  习；又以语用实                     华思想情感，增
  践推进深入研读                     强表达技能，推
└ ─ ─ ─ ─ ─ ─ ─ ┘              动广泛阅读
                                └ ─ ─ ─ ─ ─ ─ ─ ┘
              ┌─────────────┐
              │  书面表达   │
              │（写话、习作）│
              └─────────────┘
```

　　课本阅读与课外阅读结合，就是延展学生的阅读视阈，引导学生在课本内外丰富的阅读资源中，更加自主和广泛地学习语文。以课本阅读（教读、精读），带动学生更加主动和有效地从事课外阅读（自读、泛读），使他们在课本内外广博的阅读实践中，开阔视野，发展思维，自我教育，增强阅读技能，丰富生活经验，汲取作文营养；又借助课外阅读及相关资料，促进学生能够更加准确、深入和多元地研读课本中的篇目，包括理解内容、体会情感、领悟表达方法等。

　　阅读与书面表达结合，就是把感受和理解语言（内化、吸收），与学习运用语言（外化、输出）这两大语文基本功练习有机融合，指导学生更加有效和高效地学习语文。在阅读中生成情感认知，领悟观察与表达方法，丰富语言积累，以此带动语用表达实践；带着真情且精彩表达的欲望，或进一步修改完善预作的需求，去进行有针对性的阅读，进而使阅读与书面表达相互促进，共同提高。

　　读写双结合教学的实质，就是引领学生将学语文（学法、读法、写法、语言）与用语文（学法、读法、写法、语言）紧密结合起来，以求

最大限度地增强学生的读写技能，发展学生融合情感态度与价值观在内的语文核心素养，从根本上扭转小学语文教学耗时低效的状况。

这是一种开放的、富有灵活性和科学性的教学方式。它既弘扬了北京师范大学在"语文跨越式学习实验"中，所提出的"2-1-1"课堂教学模式的核心思想，又冲破了该模式"每堂语文课（40分钟），前20分钟用于研读文本，接着10分钟用于拓展阅读，最后10分钟用于课堂练笔"的僵化结构，使语文课堂教学更加符合学情与教情。

这又是一种有效的、切中传统课堂弊端并且带有某种强制性的教学方式。说它是有效的，是因为课内阅读与课外阅读相结合，阅读与书面表达相结合，这是我国传统的语文教学经验，是早已被无数实践证明了的培养读写技能、发展语文素养的基本途径，是新中国成立以来历部《语文教学大纲》以及修订前后的《全日制义务教育语文课程标准》所极力倡导的。要使学生尽快具备适应实际需要的读写能力，尽快提高基本的语文素养：唯有坚持课内阅读与课外阅读相结合，以课内带课外，以课外促课内，得法于课内，增益于课外；唯有坚持阅读与书面表达相结合，从理解起步，到运用落脚，在阅读中学表达，以阅读带动学生留心观察和体验生活，促进学生真情表达、规范表达、精彩表达。除此之外，似乎没有哪些捷径可走。

说它是切中传统课堂弊端并带有某种强制性的，是因为要做到这两个"结合"，就要求我们每一位语文教师，必须摒除以往几十年来积习下的不择重点的一味地分析、讲解，摒弃违背学科教学特点的串问、串读，减少时下过程性的低效教学，杜绝课堂上演示性的虚假教学，把有限而宝贵的时间用于在学生已有认知水平基础上的有效的文本教学和语用练习。而摒除分析、讲解陈规，摒弃串问、串读陋习，减少低效教学，杜绝虚假教学，因学而教，以学定教，坚定不移地践行课内与课外、阅读与表达紧密结合的教学方式，并且做到持之以恒，语文教学耗时低效的老大难问题就能得到根本改观，学生的读写热情就会逐日浓厚，读写能力便会与日增强。这是毫无疑义的，也是语文课程改革实验必须遵循的方向。

二、为何要进行双结合教学

之所以倡导践行"双结合"教学，并鼓励每一位小学语文任课教师努力将其转化成为自觉的实践行动，主要缘于如下考虑：

（一）突出学科训练重点难点

培养学生具有适应实际生活需要的听、说、读、写能力，并不断提升他们的语文综合素养，这既是语文学科的重要教学目标，也是语文课程担负的专职任务。并且，听、说、读、写四项基本能力都重要，不可偏废任何一个方面。这是毫无疑义的，人们也早已经形成共识。

正像几十年之前，叶圣陶先生所讲："接受和发表，表现在口头是听（听人说）和说（自己说），表现在书面是读和写。在接受方面，听和读同样重要，在发表方面，说和写同样重要。所以，听、说、读、写四项缺一不可，学生都得学好。"[1] 这是因为，"有了听和读的能力，就能吸取人家的东西，化为己有。有了说和写的能力，就能表达自己的心意，让人家完全明晓。这两类能力，无论在学习中，在工作中，在日常生活中，都是必需的，所以是最基本的能力，非着力培养不可。"[2]

然而，对于学生，尤其是对于小学阶段的学生，他们的听、说、读、写的起步基础是不一样的。总的讲，他们从呱呱坠地，就每天都在接受着周围人精心的听、说指导。加之经过三年学前阶段的有效练习，到小学入学年龄时，每个孩子都有了相当强的听、说能力。可是对于准确意义上的、规范系统的读与写的练习，他们一般却是从小学入学后才正式接触和开始的。这便决定了小学阶段，或说整个基础教育阶段，语文课程要在同等重视培养学生听、说、读、写四项基本能力的同时，应以读、写训练作为教学的重点和难点。

---

[1] 叶圣陶《听、说、读、写都重要》，1980.07。
[2] 叶圣陶《说话训练决不该疏忽》，1962.02。

（二）遵循听说读写内在联系

听和读的能力，与说和写的能力，是相辅相成的。就是说，"听和读的能力的加强有助于说和写的能力的提高，反过来亦然。"① 而听与读、说与写，它们之间也是相辅相成的。

为什么呢？就听与读而言，二者皆为吸收、内化的过程；"听是用耳朵听人家的话，读是用眼睛和嘴'听'人家写下来的话，取径虽然不同，其为听人家的话则一"②。也就是说，掌握了读的方法，养成了读的良好习惯，就为听得仔细、辨得明白，提供了有力的支持。再就说与写而言，二者皆为输出、外化的过程，并且说先于写。也就是每次进行写的练习时，学生必先能够说清、说好。一旦如此，写的事也就只剩把话记下来罢了。

由此看来，在语文教学实践中，抓住了"读"与"写"，就抓住了学科训练的"枢纽"，就能够全面且有效地带动和提高学生的听、说、读、写能力，就催生了语文教育的生机。

（三）针对区域学科教学实际

从区域内小学语文教学实际情况看：在平日的学科教学实践中，教师们于读、写方面，花费的时间不可谓不多，投入的精力不可谓不大。然而，学生的语文素养，尤其是读与写这两项核心能力，相对于其他方面，依然是比较薄弱的——这从市、区和学校历次教学质量监控评价结果统计可以看出；学生的读写兴趣与热情，和义务教育《语文课程标准》提出的要求，仍有较大的差距，还不足以为他们学好其他课程，促进全面发展和终身发展，奠定坚实的基础。

再有，尽管时下区域内各校高度重视"阅读工程"，不断添置各类读物，积极创设阅读环境，努力完善检查与评价方法，然而——怎样让学生不但爱读、乐读，而且有时间读？怎样使学生不仅会读，而且能有效阅

---

① 叶圣陶《说话训练决不该疏忽》。
② 叶圣陶《说话训练决不该疏忽》。

读、高效阅读？怎样引导学生以课内带课外，得法于课内而增益于课外？怎样以课内一文一课，带动群文阅读，开展主题阅读，激发学生阅读整本的书？怎样在组织广泛阅读一本本书的过程中，激发学生探索自然奥秘的热情，不断提高他们的思想道德修养和审美情趣？怎样才会将阅读与书面表达形成合力？……所有这些，教师们还缺少行之有效的教学策略。

此外，我们虽然在过去的时日，于"读写结合"方面，进行了大胆且有益的实践，总结并积累了一些宝贵的教学经验，但是还不系统，推广得还不够普遍与深入，仍有很多发展性的、较为隐蔽的问题，需要做更加深入的研究。

第二节　课内外阅读结合方式

阅读是获取间接生活经验、丰富学识、发展思维、实现自我教育的最主要最便捷的途径。一个人的学识，主要是从广泛的阅读中获得的。学生语文素养和思想文化修养的差异，归根结底还是阅读的差异。对此，人们应无异议。那么，该怎样把课本阅读与课外阅读结合起来，使课内教读、精读与课外自读、泛读相互促进和推动，进而使学生在更加广阔的阅读实践中，更加自主和广泛地学习语文呢？

一、以课文为重心的辅助性阅读

顾名思义，这种结合方式就是以课文为核心，以教读过程为平台，以引导学生借助课外相关阅读资料，辅助他们更加准确地感受和理解课文内容，更加深刻地体会人物思想感情，更加明晰地领悟作者的写作方法及表达效果为主要愿景的。

（一）借铺垫性阅读弥补认识短缺

教材中有相当多的篇目，其内容是远离当今时代，超越学生认识范围和经验储备的。这就给学生阅读中的感受与理解、欣赏与评价等，带来不小的认识阻碍。为消除阻碍，弥补学生认识短缺，组织研读这类课文时，就需要在布置预习该文的当儿，更可以先于学文，启发学生查阅相关资料、阅读有关书籍，或再以观看适宜的影视、戏剧节目相辅。

如指导研读教材①第7册《祖国的好山河寸土不让》一课：这段唱词尽管篇幅不长，词句也不晦涩，可讲述的故事却远离学生所处时代，而且它又是该套教材中首次出现的抗日题材和唯一记述新四军驰骋江南抗击日寇、消灭汉奸的内容。因此教学本课，在布置预习课文的同时，或于学文之前，就需引导学生查一查新四军创建的背景以及抗日锄奸的卓绝历程等史料，读一读现代京剧《沙家浜》剧本，看一看这部戏剧电影。借助这些铺垫性阅读或观赏，学生也就走近了课文中的故事，走近了那段豪情万丈、保家卫国的恢宏历史。

此外，像教材中出现的红军长征题材的《七律·长征》《马背上的小红军》《草地夜行》《丰碑》《金色的鱼钩》，解放战争题材的《董存瑞舍身炸暗堡》《迎来春色换人间*》，新中国建国题材的《开国大典》，伟人、名人和英雄人物题材的《争画*》《在大海中永生*》《在炮兵阵地上》《军神》《白求恩与孩子*》《狼牙山五壮士》《我的伯父鲁迅先生*》《钱学森归国*》《蒋筑英*》《世界杂交水稻之父》，历史题材的《西门豹》《将相和》《郑和远航*》《圆明园的毁灭》……教学这些篇目之初，都应重视激发学生进行比较全面的铺垫性阅读。如此，在带动学生广泛检索和阅读课外相关内容的同时，引领着学生更全面和深入地学习课文。

（二）以探访性阅读丰富课文内容

教本中有一大部分写景状物的美文，描述的事物与风光景象，跨越学生所处的生活环境，让他们存有很大的陌生感。于是，他们自然会生成好奇的冲动，一探究竟的欲望。为解除学生的陌生感，满足学生的探究欲望，最大限度地拓展学生的视野，就可在初读或熟读课文之后，引导他们

---

① 指北京市义务教育课程改革实验教材，北京教育科学研究院与北京出版社合编。下同。

依着各自的兴趣点,去进行多方面的探访性阅读。

如第6册教材中《富饶的西沙群岛》一课,其描绘的美丽富饶景象一定会令远离大海的学生备感神秘。因此,组织初读课文、学习生字新词之后,就可引导学生结合题目想开去——西沙群岛的地理位置在哪儿？它由哪些岛屿（礁）组成,具有怎样的经济和战略意义？目前岛上基础建设状况如何？……——据此展开广泛的探访性阅读,最大限度地充实课文内容。

除此之外,像描写异地风光的《葡萄沟》《锡林郭勒大草原》《五彩池》《美丽的三潭印月*》《神奇的鸟岛》《观潮》《登上企鹅岛》《神秘的死海》,以及表现异国风情的《新加坡街头见闻》《曼谷的小象》《威尼斯的小艇》等,都应该重视激励他们去进行多方且深入的探访性阅读。这样,在助力学生研读课文的同时,努力拓展他们的认知视阈,不断丰富他们的学识积累。

(三) 凭补充性阅读破解疑难困惑

课本里的许多篇章,因情节中略写、省写(作者有意预留的表达空白)的缘故,或因是节选之作,于是给学生体会人物心理、感受人物品格、把握文本主旨等,带来不小的障碍。所以,教师与学生一起,多方查阅相关资料,凭借补充性阅读,帮助学生破解精读课文时的疑难困惑,就显得至关重要。

如在组织精读第8册《一夜的工作》一文中,学生自然会生成(教师也应启迪学生产生)这样的疑问——周总理工作及生活条件那样简朴,又因何要在那高大的宫殿式的房子里办公？作者仅是看到周总理一夜的工作,却又为何说"他每个夜晚都是这样工作的"？这些疑问直接关乎着全体学生对周总理的认识与评价,影响着他们对作者内心情感的深刻体会。而课堂上,教师(或让学生)适时提供查阅到的相关资料——"周总理在老旧的宫殿式的房子里办公的原因"、"周总理病重住院期间每日的作息安排",纪实文学《在生命的最后时刻》——通过这些资料的补充性阅读,他们心中的疑问就会即刻消失,对周总理的无限崇敬之情便会由衷生成。

还有，像《果敢的判断》一课的疑问——"小泽征尔因何能够'不附和权威，相信自己，敢于做出正确的判断'，最终获得大赛桂冠?"《白杨》中的疑问——"爸爸在向孩子们介绍白杨树的同时，也在表白着自己怎样的心?"《在炮兵阵地上》的疑问——"彭总对负责指挥该阵地的那位团长说了错话吗? 又为什么要向他道歉?"《将相和》里的疑问——"廉颇负荆登门请罪，他仅是个'知错就改'的人吗?"……对于课文中的这些核心疑问，都需重视凭借补充性阅读，使学生在解疑释惑、明理入情的过程中，受到善于学习、敢于胜利、勇于奉献、忠于祖国、顾全大局等方面的思想浸润。

（四）依比较性阅读领悟表达及语言特点

有比较才会有鉴别。特别是对于段落或篇章的表达方式、语言特点，在不同材料的比较中，才更容易被学生领悟和发现。至于用来比较的材料：可以是改编前后的文段比较，也可以是同一篇目不同教材版本的文段比较；可以是课内与课外同类体裁的文段比较，也可以是课本前后同类体裁的文段比较；可以是同一作者同类内容的文段比较，也可以是不同作者同类内容的文段比较；可以是由教师提供的比较材料，也可以是由学生收集的比较材料……

如教学第9册《猫》一课：在指引学生朗读并熟读课文，理清文章脉络，把握全篇主要内容，领会作者思想情感的基础上，再提示学生将本文与作者老舍先生的另一篇记述动物的佳作《母鸡》，以及丰子恺先生笔下的《白鹅》，进行比较性阅读。于是，学生就会非常容易地领悟和发现这组文章，以人格化的语言去记叙动物，将发自心底的喜爱之情融于具体描述之中的表达特点。

这样的例子比比皆是，当然也应该课课皆为、课课如是。因为在这样的比较性阅读中，学生不只扩大了阅读范围，丰富了阅读量，而且是更加扎实地学到了应学的表达方法，为他们自己的仿写练习、真情记述、精彩表达、个性表达，增添了有力的技术支持。

综上所述，借"铺垫性阅读"弥补认识短缺，以"探访性阅读"丰富课文内容，凭"补充性阅读"破解疑难困惑，依"比较性阅读"领悟表达及语言特点……如此，便密切了课内外的联系，实现了课本阅读与课外阅读的相互推动，丰富了学生的实际获得。

二、以教本为抓手的延展性阅读

这种结合方式就是在组织精读课文后，以所学篇目创设激励情境，把学生引领到更加广阔和深入的课外自主阅读之中去，并且要努力为学生预留出尽可能多的课上阅读或在校阅读时间。如此，实现以教读一课书、精读一篇课文，带动学生自主阅读多篇文章或整本的书，进而不断丰厚学生的阅读积淀，为学生全面发展和终身发展奠定坚实基础。

（一）阅读作者的原著或原文

即，从课文内容或情节上引导延续性阅读。教本中的很多课文，或是选自哪本著作中的某些章节，或是节选于某篇文章中的一些段落。例如，《女娲补天》（第4册）、《羿射九日*》（第5册）选自《神话故事新编》；《丑小鸭》（第4册）、《卖火柴的小女孩》（第11册）选自《安徒生童话》；《账单》（第5册）选自《爱的教育》；《西门豹》（第8册）、《将相和》（第11册）选自《史记》；《蝉》（第9册）选自《昆虫记》；《猴王出世*》（第9册）选自《西游记》；《景阳冈武松打虎*》（第10册）选自《水浒传》；《用奇谋孔明借箭*》（第11册）选自《三国演义》；《在炮兵阵地上》（第10册）选自《警卫参谋的回忆·在彭总身边》；《林海》（第11册）、《草原》（第12册）选自老舍先生的游记《内蒙风光》……对于这些课文，在指导研读（或群文结组整合教学）后，创设悬念，激励学生继而去兴致勃勃地阅读作者的原著或原文，他们的收获自然是多方面的，对他们的影响一定是巨大和深远的。

就说教学第9册《蝉》一文：在引导学生深刻感受蝉对音乐无限喜爱的具体表现，准确领会课文从蝉"喜欢音乐"但它却"没有听觉"这两个呈转折关系的方面连段成篇的方法，深切领悟作者于长期仔细观察的基础上，运用饱含感情的人格化语言，去进行生动感人、不拘一格的表达特点之后，便可接续着本文内容，再动情地向学生讲一讲具有百折不挠品格的蜣螂，不知劳苦、全心为家族着想的泥水匠蜂……以此激发学生主动地捧起《昆虫记》——这部集文学与科普于一体、说明与描写有机相融、以人文情怀揭示虫类益趣的光辉著作。相信学生在丰富自然知识、陶冶思想情操、提升语言修养的同时，也一定会增生观察和探索自然奥秘的情趣。

这样以课文带动阅读原文原著，就把以一篇带一本的教学夙愿变成了渴望的现实，就把学生引向了好读书、读好书、读整本的书、读一本本的书的求知之路，就完好地弥补了课本阅读面窄小、阅读量不足的弊端，就创造性地丰富和发展了语文课程。

（二）品读相同题材或主题的读物

即，从课文题材或主题上激励拓展性品读。组织精读课文后，再激发学生独自品读一些与课文题材或主题相同的其他篇目——可以是同一作者的，也可以是其他作者的；可以是同一时代的，也可以是不同时代的；可以是中国的，也可以是外国的；可以是讴歌人类的，也可以是赞美动物的……相信这样的拓展性阅读，一定不单是丰富学生的阅读信息，扩展学生的认知视野，还肯定会促使学生进一步升华内心的思想情感，并迸发出将这种美好情感付诸实际行动的热情。

例如，在指导研读第12册第5单元《母亲的纯净水》《我看见了大海》《零点降生的女孩*》这组以集中表现和赞美母爱、父爱为主题的课文后，帮助学生回顾和梳理一下先前曾经读过的这类课文，像《账单》（第5册）、《看不见的爱*》（第9册）、《金色的脚印》（第10册）、《母爱*》（第10册）、《这是儿子的鱼*》（第10册）、《艾尔比的水彩笔*》（第11册）、《父亲的麦芽糖*》（第11册）、《母亲*》（第12册）等。而后，推荐并激励学生用心自读《疯娘》《第一次抱母亲》《许世友将军九跪慈母》这几篇令无数读者热泪盈眶、感动不已的文章。

课　文	主　题	表达特点
《母亲的纯净水》	表现母爱	以一件具体事表现母亲在如何正确认识"穷困"态度问题上，给予女儿细微而影响深远的关爱。
我看见了大海	《赞美继父之爱》	以多个片段赞美继父在引领畸形女儿走出家门、学会独立生活、自食其力的过程中，付出的无限深沉的爱。
《零点降生的孩子*》	记述母爱	以一件具体事记述母亲在用善意的谎言，鼓励自暴自弃的女儿树立自信、挖掘命运机会并取得成功的转变中，饱含的纯真的爱。

通过如上课本内外融通性的主题阅读，学生在全面且深刻感受这伟大、无私甚至不惜付出生命代价的母爱、父爱的过程中，心灵自会受到陶冶、感化，桀骜之情、逆反之性自会得到转变；他们也一定会在感受"母爱""父爱"的同时，由衷地升腾起以实际行动"爱母""敬父"的心理动机。

（三）练读同一体裁或类型的作品

即，从课文学法或读法上引导延伸性练读。研读叙事性作品、写景状物美文、说明性文章、论理古文、抒情诗歌等，以及每种体裁中不同类型的课文，都各有其不同的基本方法。先引导学生依照一定的阅读方法研读课文，再鼓励他们运用所学方法——可以是一般程序性的方法，也可以是感受与理解、欣赏与评价的技术性或要领性的方法——练读一些相同体裁或类型的其他作品。如此，在"依法导读"、激励"用法练读"的实践中，满足学生广泛阅读的强烈需求，锻炼和增强学生的阅读本领。

如第10册教材中的《跳水》一文，它是出自俄国著名作家列夫·托尔斯泰笔下的一篇小说，而且是这套教材中不多见的小说体裁。谈到小说，我们自然会想到它的"三要素"——完整且复杂的故事情节；细致且丰富的人物刻画；具体且生动的环境描绘。为此，教师就首先引领学生抓住这篇小说的"三要素",进行深入的研读、体会和领悟。而后,引导学生尝试运用这一阅读要领,练读儿童抗战爱国故事《小英雄雨来》,以及苏联卫国战争时期表现儿童机智勇敢品质的爱国故事《夜莺之歌》。

研读要点	研读的问题与方法
故事情节	默读全文,想一想那孩子是怎样一步步走上最高横木、陷入绝境的,作者又为什么如此完整地记述这复杂的、令人惊心动魄的故事情节?
人物特点	朗读重点段落,说一说文中的主人公——船长(那孩子的父亲)给你留下怎样的印象,因何会有这样的印象?
事件环境	读一读描写环境的语段,议一议它与故事的起因、经过和结果有着什么关联,具有什么作用?

这样,便极大地提高了课堂教学的效益——不但丰富了革命历史题材的阅读量,满足了学生广泛阅读的热切期盼,增强了他们自主阅读这类作品的本事,也使爱国教育、革命传统教育自然无痕地融入其中。

(四)赏读相近写法或语言特点的佳作

即,从课文表达方式或语言特点上指引扩展性赏读。阅读教学的主要任务,是培养学生的独立阅读能力和良好阅读习惯。同时,它也肩负着指导学生从中学习语言和表达之法,带动口头和书面作文的重要职责。因此,于指引学生精读课文,"读进去·入情晓理""读出来·悟法得言"之后,再推荐品读一些与课文表达方式或语言特点相同、相近的其他篇目,意义是十分重大的。

如第10册第1单元中《索溪峪的"野"》,这是一篇描写自然奇丽风光、赞美祖国壮美山河的优秀作品。在引导学生熟读全文、理清脉络、把握文章大意、体会作者思想感情、领悟全篇结构形式与抒情方法之后,可以启迪学生将本文与课本该单元的起始课文《桂林山水》进行比较,以此进一步领会它们在内容题材、结构形式、抒情方法等方面的共性特点与表达效果。继而,引导学生独自阅读欣赏与该套教材配套的辅助读物——

第10册《语文读本》第1单元中《青青漓江凤尾竹》《仙山腹地游，感受峨眉秀》《雄、奇、险、秀的群山》这组精彩美文，进一步梳理、总结和内化这类作品的表达规律。

篇 目	内容题材	结构方式	抒情方法	语言特色
《索溪峪的"野"》	描写自然风光，抒发喜爱赞美之情。	采取"总述→分述（概括~具体）→总结"的篇章结构。	抓住景物特点，把"融情于景"与引发议论"直接抒情"相结合。	借用比喻、拟人、排比等手法，以及准确、富有新鲜感的词句，尽情表达内心思想感触。
《桂林山水》				

如此，就充分利用并发挥了课本与辅助教材资源的作用，在扩展学生阅读视野，培育学生热爱祖国壮美山河之情的同时；促使学生进一步系统和强化了从课文中学到的一般表达规律，从而为实现从读学写、以读带写的美好理想奠定了坚实的技术基础；进一步丰富和内化了别具特色的语言，从而为学生逐步形成运用个性化语言准确表达情意的能力提供了有力的语汇支持。当然，这也为学生日后自主阅读欣赏此类作品——如第11册中的《林海》《迷人的张家界*》，第12册中的《青海湖，梦幻般的湖*》等——促使他们进一步巩固从课堂中习得的阅读方法，从而在独自阅读实践中增强阅读技能，养成良好阅读习惯，给予了得力的要领性方法支撑。

需要强调的是：这种延展性的课外阅读，尤其是对引领整本书的阅读，务须纳入《班级学年（期）整体课外阅读规划》，包括学年（期）课外阅读目标、重点阅读书目（必读的）、一般阅读书目（选读的）、阅读方法指导、阅读成果展示与评定方式等。如此，确保学生课外阅读有计划，有重点，有方法，有实际获得。其中，对于"规划"中确定的重点阅读书目，要格外重视引领学生首选阅读中国的经典，尤其是新中国的红色经典。

当然，为尽早地把学生引向广泛而深入的自主阅读之路，使学生尽快养成多读书、好读书、读好书、读整本书、读一本本的书的习惯，教师还需要激发并引导学生结合《班级学年（期）整体课外阅读规划》，以及自己想读、爱读的其他书目，制订出《个人学年（期）课外阅读计划》，如本学年（期）要必读与选读哪些书目，哪些书目要放到哪个学期或假期去读等。有了这个"计划"，就能敦促他们挤时间阅读，时时地以好书为伴。

再有，定期举办的"阅读成果展示"活动，中、高年级均应高度重视采用"读书报告会"的形式，而非一般形式的"读书交流会""书签与手抄报展示欣赏会"。如此，指引学生把主要的热情、精力和心思，投入潜心的阅读感受之中，投放到精心的整理、提炼、归纳和动情的书面表达中去；在尽情展现阅读收获，全力带动书面表达技能的同时，进一步萌生高昂的课外阅读热情。总之，不能为了展示而展示，不因为了"阅读成果展示"而过多耗费学生宝贵的阅读时间。

第三节 阅读与书面表达结合策略

阅读肩负着带动书面表达的重任；书面表达质量的高与低、技能的强与弱，一定跟阅读有着密切关联。从实际效果方面讲，把阅读与书面表达紧密结合，引导学生从阅读中学习书面表达，并将写话习作训练落到实处——这是学以致用、学用结合，促进学生乐读爱写、能读会写的有效途径，是已被无数教学实践证明了的极其有益的教学策略。

一、阅读与书面表达因何能够结合

谈到阅读与书面表达结合，教师们不禁会发问：阅读与书面表达因何能够结合呢？这的确是个重要的、需要深刻认识的问题。那么，到底因为什么呢？概括地讲，就是因为阅读与书面表达是两种虽然"互逆"却又"互通"的，有着密切联系的心理过程。也正因如此，阅读教学除了要培养学生独立阅读能力和良好阅读习惯外，才又肩负着指导学生从中学习表达的重要任务。

阅读与书面表达怎么"互逆"呢？阅读是从语言文字中获取信息、意义和认识，是吸收、内化的过程；而书面表达，是运用语言文字表达信息、意义和认识，是释放、外化的过程。从信息传输方向上看，阅读与书面表达显然是"互逆"的。

阅读与书面表达又怎么"互通"呢？阅读要经历一个"双向"发展的心理过程：首先要从读懂语言文字（字词句段篇）到领会思想内容；再由思想内容回到探究语言文字的表达方式上来。在这个"双向"发展的过程中，前者是基础，后者是对前一过程的延续和提升。而书面表达，它要经历一个"双重"转化的心理过程：首先是现实生活、客观事物向思想认识（观念、情感）转化；再由思想认识向文字表达转化。

两相对照，阅读的"第一向"转化过程与书面表达的"第一重"转化结果相似，都是获得认识的过程。只不过前者是以"阅读"这一间接方式，了解客观事物，获得认识；后者除此之外，还需借助观察、实践、体验等方式，去获得直接认识。阅读的"第二向"转化过程与书面表达的"第二重"转化结果相近，都是着意将"认识"表达出来。区别仅在于：阅读只需用心体会、领悟作者是怎样表达的；作文则需要在独立考虑表达方式后，运用语言文字把脑中的认识传输出来。

由此，我们便可得出结论：阅读与书面表达因为有互通关系，所以二者间必定能够相互促进。阅读中，学生不断地从文字材料里面获取思想认识，这就为他们不断生成作文的思想内容（此是学生产生表达欲望，乐于书面表达的前提），创造了必要的条件；学生时时地领悟文本承载思想内容的表达方式及特点，这又为他们规范、具体且生动地表达，时时提供着方法、语言等方面的营养。反过来，学生书面表达技能的形成与发展，又会促进他们不断地提高阅读水平——因为学生于作文过程中，尤其是在书面表达遇到困难时，就会对例文再学习、再认识，积极借鉴它的表达方法，就会主动且有针对性地去研读其他更多的文章。

二、阅读与书面表达为什么要结合

读写结合的心理机制就是模仿。模仿是初学者学习写作时的重要心理需求，是逐步形成书面表达技能的基本途径，不同于叶圣陶先生批评的那种无意表达而抄袭或篡改他人之作的行为。模仿学习比缺乏章法指导的"尝试错误学习"，更具有提高学习效率的作用。对此，宋代伟大的教育家朱熹就曾指出："古人作文作诗，多是模仿前人之作。盖学之既久，自然纯熟。"

为什么呢？模仿是沟通阅读与书面表达的桥梁。一方面，例文能示范性地把文章的结构形式以及布局谋篇、遣词造句的方法，直观地呈现在学生面前，形象地告诉学生应该怎样去表达；另一方面，例文又能帮助学生扩充写作知识，开拓作文思路，丰富联想和想象，从中学到观察事物、分析问题的方法。可以说，模仿是习作乃至创作的基础，没有模仿就没有习作或创作。从模仿到独立作文，再到创作，就连作家也不例外。

至于模仿会束缚表达思路，导致习作"雷同"的现象，对于初学者也是很正常的。这跟教学生初学临摹绘画时，强调越逼真越好，是一个道理。只不过要适时地提示学生，在具备了一定基本功的基础上，还需不断发展，不断加入自己创新的成分：从把模仿作为目的，到把模仿作为达到目的的手段；从模仿范文的结构形式，到模仿作者观察与思维的方法，选材立意与布局谋篇的方法，表情达意与锤炼语言的方法；从专心模仿，到模仿中有创新；从仿作（大同小异）、改作（大异小同），到独立和有创意地表达。

教师们一定有过如下类似的实践经历：其一，首先激发学生结合亲身经历，以《我的老师》为题试作；随后，提供范文《我们的郑老师》，启发学生独自阅读、赏析，再以《我的老师》为题进行仿作（写哪位老师，由学生自选）。其二，引导学生仔细观察讲台上的一盆月季花，而后要求学生以《月季花》为题试作；接着，提供例文《月季花》，组织独立阅读、欣赏，然后让学生再次观察讲台上的月季花，完成同题仿作。其三，引导学生细致观察教室前面的黑板，继而要求学生以《我们教室的黑板》为题试作；接着，提供例文《我的铅笔盒》，同时出示文中描写的实物，并提示学生认真对照阅读，然后启迪学生第二次观察黑板，再以《我们教室的黑板》为题仿作。

每次实践的基本环节大致都是：①观察（学生通过观察体验获取了素材，但此时缺少表达思路与表达方法的支持）。②试作（遇到困难，产生了破解难题的愿望）。③读例文（为解决困惑而进行有针对性的阅读，从中学习观察和表达的方法）。④再观察（运用从例文中学到的观察方法，去观察身边的人物或事物）。⑤仿写（学习例文的表达方式去表达情意）。毫无疑问，不论结构的完整性、思路的条理性，还是语言具体、生动的程度，仿作都一定显著优于试作。

依此，我们有理由做出这样的结论：把阅读与书面表达紧密结合起来是完全必要的。仿作对于儿童，意义是重大的，就如独立创作对于成人那样同等重要；它是学生在学习表达之路上，由必然王国驶向自由王国过程中不可或缺的一段进程。当然，"仿"的因素要依学段目标、具体学情而定；例文的内容、情感、形式、语言等，应对学生书面表达有着多元的借鉴点。

三、阅读与书面表达应怎样结合

怎样把阅读与仿写练习结合起来，让阅读更好地带动学生的书面表达呢？从模仿的时机看，阅读与书面表达结合的方式大致有三种情形：读后写，以读带写；读中写，以读助写；读前写，以读促写。从模仿的因素讲，既可以仿其文，即从体裁、内容、立意到结构、方法、语言进行全面模仿，也可以进行单方面的模仿。比如，仿其意——仿例文的题材，或例文由具体事物、事件中揭示出的情理与教训；仿其格——仿例作组句构段或连段成篇的结构顺序；仿其法——仿例段说明、叙述、描写或议论、抒情的方法；仿其言，仿作者的语体形式（文言或白话）、语言特色、修辞手法或遣词造句的方法……从模仿的练习方式说，可以一文一仿、读写对应，也可以读多篇、仿一篇，或读一篇、仿多篇。前者重在模仿，适用于习作起步训练时期；后者重在从模仿向创新发展，多用于提升写作技能阶段。

不管采取哪种读写结合的仿作训练方式，要确保教学效果，让学生有尽可能多的实际获得，均需要我们每一位语文教师：深入研读文本，不但要"读进去"——咬文嚼字、入情晓理，还要"读出来"——悟法得言、领会作者的表达效果；准确把握目标和学情，不但要明晰各学（年）段教学目标、训练重点，还要掌握学生现有水平和亟待努力之处；加强读与写的指导，充分发挥课文（或其中典型而精彩的句段）示例功能，不但要于引领学生用心经历阅读"第一向"转化的过程中，着意培养他们的阅读能力、良好的阅读习惯和正确的情感态度，还要格外注重依据预设的表达训练重点，引导学生潜心经历阅读的"第二向"转化过程——由体会文本的情与理到领悟作者的表达方式和语言特点，从中汲取习作的营养，并努力将读写结合的仿写练习落在课堂实处。

（一）低年级仿写训练重点

低年级是读写训练刚刚起步阶段。这期间，阅读教学的重点是词句和语段（也称句群），读写结合的仿写训练重点自然也应落在词句和语段上。因此这时的读写教学，就需格外重视把指导理解词语和句子，与引导学生尝试运用所学词语或仿照句子形式练习说话写话，紧密结合起来。当然，此时的说写练习形式与评价标准，都应该是最简单、最初级、最基本的。

1. 把理解词语与学习运用词语造句结合

词是最小的能够独立运用的语言单位。词语包含着词和短语，是构成语言的基本材料。从阅读角度讲，正确理解词语，是准确领会句意和人物思想感情的前提；从表达方面看，正确运用词语，又是明确表达语意和内心情感的基础。词语运用得正确、恰当，语意才清楚、明确，表达才准确、规范。否则，词语运用失当，词不达意，就会直接影响表达的意图和效果。

因此，从读写起步训练一开始，就要重视结合语境、联系生活实际，并善于借助图画、简笔画或实物等，在指导理解词语（包括由生字构成的新词，以及由熟字组成的新词这两类）意思的同时，引导学生运用所学词语练习说话写话，进而把理解词语与发展学生口头或书面语言结合起来，使两者相互促进。

如第3册《咕咚来了》一课，讲湖边有棵树，树上一个熟透的木瓜咕咚一声掉进水里，于是——"兔子听见吓坏了，拔腿就跑，边跑边叫：'快逃哇，咕咚来了！'猴子听见了，也跟着跑，边跑边叫：'大家快逃哇，咕咚来了！'这下子可热闹了，动物们全跟着跑起来，边跑边喊：'快逃命啊，咕咚来了！'"

这当中的"热闹"一词，不仅是由两个生字构成的新词，而且还是个多词性（形容词、动词、名词）和多语义的词。因此教学当中，不但要重视引导学生结合语境并借助"换词朗读"的方法，正确理解句子内"热闹"一词的意思（喧闹、乱乎、不得了……），还要善于激发学生运用这个词进行模仿或多词性的说话写话练习。例如：①课间，操场上好不热闹（形容词）。②下课了，同学们到操场上热闹（动词）一下吧！③大家为了看热闹（名词）儿，都忘记回教室上课了。这样，就把理解词语与运用词语结合起来，使两者相互促进。

又如第4册《数星星的孩子》，开头一段讲："晚上，满天的星星像无数珍珠撒在碧玉盘里。一个孩子坐在院子里，靠着奶奶，仰着头，指着天空数星星。一颗，两颗，一直数到了几百颗。"这段话中的每句话，都写得十分具体、生动。正因如此，编者才要求学生能背诵这个自然段。其中的第2句，连用"坐……靠着……仰着……指着……数……"这5个表示动作的词语，形象地写出小张衡数星星时聚精会神的可爱样子，突出表现了他特别喜欢观察星空的特点。所以教学当中，在指导学生有感情地朗读和背诵这段话，深刻感受小主人公鲜明特点并及时内化和积累精彩段落的同时，还需注重启迪他们仿照第2句且尝试用上句中的那5个词语，进行说话或写话练习。这样，就把理解语言与发展学生语言联系起来，将说写训练落到了实处。

2. 把理解句子与学习使用句式说话写话结合

句子由词或短语构成，是具有特定句调，能够表达一个相对完整意思的语言单位。不论口头还是书面语言，一个个具体的句子是无穷无尽的，但是句子的形式（或说类型）却是有限的。掌握并尽可能多地积累一些句式（句型），这对练习完整、通顺的表达，增强语感，意义是极为重大的。正是如此，才需要我们从低年级语文读写实践抓起，把指导理解各种句子与训练使用该种句式进行说话写话，紧密地结合起来。

教学实践中，不但要重视引导学生掌握和练习"谁（什么）怎么样""谁（什么）是什么""谁（什么）做什么""谁（什么）在哪儿干什么"等简单和最基本的句式，还需引领他们了解和尝试练习一些比较复杂的句式（复句）。

如第2册《小牛站起来了》：讲一头刚出生的小牛想站起来，可怎么也站不起来。一只乌龟看见了，就劝它像自己那样在地上爬，多稳当啊！于是引出小牛说的如下两句话——"妈妈告诉我，她小时候也是摔了许多跤，才站起来的。谁怕摔跤，谁就永远不会站起来走路。"这两句话，既是激励小牛最终站起来的力量源泉，当然更是说给小读者们听的，是本课德育渗透的核心因素。因此教学当中，不光要重视引导学生有语气地朗读和背诵小牛说的这两句话，还要抓住其中的第2句，适时地拓展开来——启发学生联系各自的生活与学习实际，并仿照该句的句式"谁怕（　　），谁就永远不会（　　）"，进行说话写话练习。这样，学生在理解、积累和运用语言的过程中，幼小的心灵自然受到了正确的情感态度的浸润；而在主动培育学生正确情感态度与价值观的同时，又有效地促进并发展了他们的语言和思维。

再如第3册《美丽的公鸡》：讲一只公鸡自以为很美丽，先后去跟啄木鸟、蜜蜂、青蛙比美，可谁都不理它。公鸡很伤心，就向一匹驮粮食的老马询问为什么，于是引出老马的这句话——"因为它们懂得，美不美不能光看外表，还要看能不能为人们做事。"这既是公鸡的缺陷，也是大家不与它比美的原因，更是本文的中心主旨。所以教学中，于组织学生朗读、背诵该句所在段落的同时，还需启迪学生仿照该句的句式"美不美不能光看（　　），还要看（　　）"，联系生活的不同侧面进行说写表达练习，进而实现发展语言与育人立德的有机统一。

3. 把理解语段与学习说写几句连贯的话结合

语段又称句组、句群。表达规律以及教学实践无不告诉我们：能围绕一个意思说写几句连贯、清楚的话，这是中年级连句成段、连自然段成结构段，进行具体且有条理的表达的前提。小学生从低年级升入中年级，由"写话"变为"习作"，之所以感到吃力，主要就是因为低年级"语段"训练缺失所致。对此，就需要我们于低年级段补上这一缺漏，加强语段方面的研读指导与说写训练。

如第3册《小企鹅和妈妈》，面对小企鹅妞妞的疑问——"这世界就是由蓝色和白色组成的吗？"——妈妈笑着告诉妞妞："从妈妈的肚子下面看世界，只能看到蓝色的天和白色的地。等你长大了，出去闯闯，你还能看到绿色的草、红色的花，还有七彩的长虹。世界很大很大，是非常美丽的……"显然，企鹅妈妈所讲的三句话是很有次序的，大致呈"分述（对照）/总结"关系。

因此教学当中，于指引学生分角色朗读全文、背诵结尾一段的基础上，还需格外重视引导学生仿照着这几句话的形式和次序——"从（　　）看世界，只能看到（　　）。等我们长大了，出去闯闯，我们还能看到（　　）。世界很大很大，是非常美丽的……"——进行口头表达训练。这样，就使得学生既提高了认识，内化了语段的表达方式，发展了语言，增强了语感，又萌生了热切的开阔眼界、增长知识的愿望。

另如第4册《动物时装表演》第7自然段："青蛙的歌声刚落，变色龙出场了。它像魔术师一样，不断变换着自己的时装。它一会儿站在岩石上变成灰色，一会儿站在树叶上变成绿色，一会儿钻进花丛变成红色。小白兔奇怪地问：'它是谁？'松鼠说：'它是变色龙，能变化自己的颜色。'"很明显，该段中的第2~3句呈"概括/具体"关系，是很好的语段训练示例。

所以教学时,既要注重提示学生抓住关键词语,在朗读中感受变色龙皮毛的奇妙及作用,领悟语言的生动形象及节奏特点,又需适时地提供几个概括句,激发学生自选话题,仿照该语段的结构方式——"概括/具体(一会儿……一会儿……一会儿……)",说(写)几句内容集中、通顺连贯的话。这样,就使理解语言文字、积累语段方式、强化语用练习三者结为一体,相互关联且彼此促进。

(二) 中年级从读学写要点

中年级读写训练重点是段落。具体地讲,三年级读写训练的侧重点是自然段(又叫"小节"),四年级则是文中由若干自然段组成的结构段(又称"部分""大段"或"逻辑段")。段落是作者根据表达的内容和需要,分成的结构单位。学生在篇章中出现的层次不清、内容杂糅、空洞无物等问题,归根结底,还是段落训练不达标。段落条理清楚、内容翔实具体了,篇章的层次与内容,也就容易做到清晰和具体了。

因而中年级的阅读教学,在进一步加强关键词句品味、遣词炼句训练的同时,就需要特别关注重点段落的教学,切实做到:把理解和把握自然段主要内容,与学习围绕一个意思写一段话相结合;把了解组句构段的方式,与学习写一段有条理的话相结合;把理解事物特点、领悟作者的表达方法,与学习抓住事物特点写具体相结合;把领会结构段中自然段之间的联系,与学习针对一个意思写几段内容集中、条理清晰的话相结合;把揣摩标点符号的特殊含义,领会它们在表达中所起的作用,与学习借助标点符号来帮助表情达意相结合……

1. 把理解自然段与学习组句构段结合

自然段是文章中内容相对完整、独立的一小段话,大多由几句或若干句组成。从表达的角度说:自然段中的每句话,都会围绕着一个明确、集中的"意思"去写;句与句之间都会按照一定的顺序展开——可能是"概括→具体"或"具体→总结",也可能是"总述→分述"或"分述→总结",还可能是"原因→结果"或"结果→原因"……总之,作者不会

75

让任何一句话游离于该自然段总的"意思"之外。

如第5册《奇妙的鲤鱼溪》一课中的第2自然段,既是全文的重点段,也是文中最精彩的一段话。这个自然段共有5句:第1句概括讲"溪中的鲤鱼不怕人";第2~5句便具体写溪中的鲤鱼怎么不怕人——不怕熟悉的村民,也不怕陌生的游客。整段话,按照"概括→具体"的顺序,通过记述鱼儿与人之间发生的事,来表现溪中鲤鱼不怕人的特点,条理清晰,内容具体;作者把溪中的鲤鱼比作顽皮的小孩子、温顺的小猫小狗,既突出了鲤鱼不怕人的特点,又表达出了人们对鲤鱼的喜爱之情。

因为三年级读写训练的重点是自然段,所以教学中,于指导学生有感情地朗读,想象鲤鱼溪奇妙景象,体会人们由衷喜爱溪中鲤鱼之情的基础上,还需借助引读、分工读等方式,引导学生领悟全段"先概括后具体"的组句构段方法。学文后,还应布置学生仿照这个自然段组句构段的方法,去练习介绍一种自己喜爱的小动物的某个特点。这样,就把理解自然段与学习如何组句构段结合起来,使读段与写段相互促进。

又如第7册《海底世界》的第4自然段:全段围绕起始句"海里的动物各有各的活动方法",并按"总述→分述"的顺序展开。"分述"部分又选取了最有代表性的几种动物的活动方法来有序记述,并使"快"与"慢"、"后退"与"前进"、"不动"与"(自己)动"这几种活动方式形成层层对比。于是,整段话让人感到既清楚又具体。

总述	具体分述				
海里的动物各有各的活动方法	海参 爬行	(慢)	(前进)	(自己活动)	
	梭子鱼 游	(快)			
	乌贼和章鱼 向前方喷水	(后退)	(不活动而做长途旅行)		
	有些贝类 贴在船底做长途旅行				

作为四年级学生,他们已不难发现这段话"先总述后分述"的段式结构,难领会的是"分述"部分中的表达顺序、方法及其效果。在语用方面,他们的问题同样如此——容易运用"总述→分述"的段式结构,

然而"分述"部分却次序含混不清，缺少条理。因此组织研读本文时，有必要以这个自然段为示例，在引领"读进去"并且"读出来"的过程中，着力指引学生通过边读边填写表格的方式，进而领悟这段话有序、具体表达的方法和作用。如此关注段落中的微观和细节，就会让学生真正读懂这段话，并学到急需的表达要领。

2. 把研读结构段与学习有序、连贯且具体表达结合

文章多是由开头、中间、结尾三部分组成。中间部分多是重点部分，又多是由几个或若干个自然段构成。从布局谋篇的角度讲，重点部分中的各个自然段，都会围绕着该部分的核心"意思"去写；自然段之间也都会按照一定顺序依次展开——可能按事情的起因、经过、结果顺序，也可能按时间（或空间）的变换顺序，还可能按事物类别（或几方面内容）顺序……总之，每个自然段都不会偏离于该部分的核心"意思"。

就说第7册《海底世界》一课：全文共分三部分；第二部分（第2~6自然段）是全篇的重点部分，围绕着"大海深处是怎样的"这个核心话题，按不同方面顺序，分5个自然段逐次介绍。这样，既清晰且详尽地回答了开头的设问，又为结尾的总结收束，提供了充足的事实依据。

结构	大意	表达方法与作用
开头部分（第1自然段）	提出问题：你可知道，大海深处是怎样的吗？	用设问开头，引起读者兴趣，提示全文要讲的主要内容。
重点部分（第2~6自然段）	①海底是宁静的、黑暗的，却有许多闪烁着光点的深水鱼在游动。 ②海底是有声音的，动物们常常在窃窃私语，发出各种声音。 ③海底的动物各有各的活动方法。 ④海底有山，有峡谷，也有森林和草地。 ⑤海底蕴藏着丰富的矿产。	按不同方面顺序，具体介绍海底的景象与物产，上接文首，下引结尾。

续表

结构	大意	表达方法与作用
结尾部分（第7自然段）	总结全文：海底真是景色奇异、物产丰富的世界！	总结全文，归纳重点部分内容，照应开头提出的问题。

因为四年级读写训练的重点是结构段，所以教学课文第二部分时：既要重视引导学生了解各自然段所描述的奇异景象，体会作者蕴含其中的惊喜与赞叹之情，产生探索自然奥秘的浓厚兴趣，领会作者组句构段及具体描写的方法；又要启迪学生领悟这一部分中各自然段之间的关系，即"按不同方面顺序连自然段成结构段"的方法。学文后，还需激励学生仿照这种方式，练习描述庭院的美丽景色或周围的优美环境。这样，就把研读结构段与学习有序且具体的表达结合起来了，就为高年级篇章训练奠定了稳固的基础。

再如第7册教材中——《五彩池》的重点部分（第2~3自然段）围绕"五彩池景象奇异美丽"这个核心内容，先讲那里满山坡的水池美，再讲池里的水美，而作者只用"最美丽的是那五颜六色的池水"中一个"最"字，就将这两层意思连贯起来；《赵州桥》的重点部分（第2~3自然段）紧扣"赵州桥世界闻名，是我国宝贵的历史遗产"这一中心内容，先写赵州桥雄伟、坚固，后写它美观，而"这座桥不但坚固，而且美观"一个过渡句，便把前后两方面意思衔接起来；《神奇的鸟岛》一文第二（第2自然段）、三部分（第3~5自然段），结合题目"神奇"一词，分别描述群鸟融洽相处、团结抗敌的景象，当中的一个过渡段（第3自然段）就使这两部分连为一体。显然，这组篇目是训练学生"围绕一个意思，从不同方面进行具体、连贯、精彩表达"的优秀示例。

篇目	核心意思	具体表达	连贯方式	表达效果
五彩池	五彩池景象奇异	水池多，大大小小，玲珑多姿	过渡词（最美丽的是……）	使所要表达的核心内容，不但有序、具体，而且连贯、精彩
		池水五颜六色		
赵州桥	赵州桥世界闻名，是我国宝贵历史遗产	赵州桥雄伟坚固	过渡句（不但……而且……）	
		赵州桥十分美观		
神奇的鸟岛	鸟岛景象神奇奥妙	鸟多，欢乐自由	过渡段（平时相处融洽，遇敌害团结抗击）	
		团结，共同抗敌		

因此，单篇教学之后，有必要将这三篇课文结群成组，指导学生借助比较阅读的方式，去进一步领悟和发现它们围绕一个意思，有序、具体且连贯表达的规律性方法。于此基础上，组织学生完成进阶性练习——结合上一层意思和过渡句，写出下一层意思；尝试使用过渡词、过渡句或过渡段，把前后两方面内容连贯起来；运用有序、具体且连贯表达的方法，再次认真修改课前预作。这样，就把研读重点部分与学习有序、具体且连贯的表达融合为一，就有效地发展和增强了学生的表达技能。

3. 把领会标点的作用与学会运用标点结合

标点符号是个总的名称，分为标号、点号、符号三大类。其中，点号是表示停顿和语气的符号，含顿号、逗号、分号、冒号、句号、问号、感叹号这7种；标号是标明词句性质和作用的符号，有引号（""''）、括号（〔〕【】()［］〔〕｛｝）、破折号（——）、省略号（……）、书名号（《》〈〉）、着重号（.）、间隔号（·）、连接号（—）、专名号（＿＿）这9种。

标点符号是书面语言的重要组成部分，是辅助书面表达不可或缺的工具。因而阅读教学中，不但要善于引导学生借助标点符号，通过有感情地朗读，正确理解词句含义，深切体会作者情感；还应注重启发学生领会标点符号的用法，领悟它们在传情达意中的作用。书面表达训练时，不仅要提示学生正确运用学过的标点符号，并按相关规定写对它的位置；更应注

79

意激发学生认真推敲标点,学习借用标点符号帮助表情达意,增强语言气势,提升语言的感染力。这当中,要特别重视帮助学生体味和练习使用如下几种标点符号,并力求使学习与运用紧密结合起来。

一是借用引号,让语句更加言简义丰。引号,除了直接表示引用外,还可用来表示特定称谓、着重强调、特殊含义、否定和讽刺等意思。例如:

①风筝花花绿绿,有"鹞鹰"、"鹦鹉"、"仙鹤"、"蜈蚣"……就是没有"大蜻蜓"。(第6册《放风筝》)

②现在这顶"蓝盔"回来了,但它是钉在爸爸的灵柩上回来的。(第8册《一个中国孩子的呼声》)

第1句用引号去表示具有某种特定标志的风筝,就使语言既精练、有节奏,又引人遐想。第2句用引号来着重强调爸爸临行许诺凯旋时送"我"的这顶蓝盔,却是钉在他的灵柩上回来的。美好期盼与生离死别形成强烈反差,于是就淋漓尽致地表达出"我"撕心裂肺的悲恸之情。

二是学用问号和感叹号增强语言气势。问号与感叹号,都是用在句末表示停顿的符号,都能用来加重语气,表示肯定且强烈的思想感情。例如:

①"这就是我们新中国的总理。我看见了他一夜的工作。他是多么劳苦,多么简朴!"(第8册《一夜的工作》)

②"看啊,这就是我们中华人民共和国的总理。我看见了他一夜的工作。他每个夜晚都是这样工作的。你们看见过这样的总理吗?"(第8册《一夜的工作》)

这两个语段的最后一句,分别讲"周总理很劳苦,很简朴","你们一定没看见过这样的总理"。然而,用感叹句、反问句,并分别借助感叹号、问号,便由衷地表达出"我"强烈且难以抑制的赞叹、敬仰和骄傲之情。

三是借助省略号来提高表达的感染力。省略号不只表示省略,还能用来表示静默无语或思考犹豫，说话或思绪断断续续，语言或思维中断，表达含糊其词或欲言又止，话没说完或语意未尽等心理、内涵。例如：

①"我的钱只够买这些棒棒糖了……可是妈妈，我们有这么多人，已经能得到许多礼物了，而那个小女孩却什么也没有。"（第7册《给予树》）

②"那……那怎么行？你还在患感冒，怎可以把雨伞让给我？"（学生习作《我的同桌》）

第一个语段借助省略号，既表示金吉娅短暂的静默，也由此展现出她因没能给亲人买到很多很好的圣诞礼物而愧疚的心理。第二个语段以两个反问句连同其中的省略号，就把"我"坚定的态度，以及因急迫致使语言结结巴巴的情形，生动形象地呈现出来。

（三）高年级读写结合关键点

继词句（语段）、段落练习之后，高年级读写训练的重点发展至篇章。篇章是小学阶段最为重要的训练内容，既是前期一系列读写训练的终极目标，又是初高中语文课程的实践基点。

因而，该阶段在进一步巩固与强化低、中年级读写要领的同时，就需要突出如下篇章训练内容：把体会题目的含义、特点和作用，与学习审题和拟题相结合；把分段和总结段落大意，与学习拟订习作提纲相结合；把了解文章连段成篇的方式，与学习组织材料相结合；把区分篇章主次内容，与学习确定详略相结合；把研读重点段落，与学习抓住重点具体写相结合；把理解和归纳篇章主要内容，与学习依据表达需求选定习作材料相结合；把概括篇章中心思想，与学习命意立论相结合；把领会句、段、篇之间的联系，与学习铺垫和照应相结合；把分析事件、体情悟理，与学习通过具体事件表现人物、揭示事理相结合；把体味人物言行心理、感受人物品格特点，与学习抓住人物言行心理表现人物相结合；把联系环境特点体验人物情感，与学习借助描写环境表达中心思想相结合；把领悟作者观察、分析事物的方法，与学习观察和分析事物相结合；把品味、欣赏和积累作者的特色语言，与学习修改习作、锤炼语言相结合……这当中，尤其需要重视如下几方面的训练内容：

1. 了解和学习作者观察生活的方法

学生习作，一定离不开他们自己的生活。并且，正像叶圣陶先生所讲，"生活充实到某程度，自然要说某种的话，也自然能说某种的话。"然而，生活并不会自然而然地成为学生习作中的材料。要使生活转化为学生的习作材料，那就必须借助于他们对周围事物认真细致的观察。换言之，学生只有通过细致的观察，丰富多彩的生活才会成为他们习作的材料。

学生留心观察生活的过程，就是他们认识周围事物、感受身边人物、体验事件真谛的过程，就是丰富认识、加深感受、产生独特体验的过程。学生对周围事物或身边人物感受得越深，习作情意才会越真挚，表达欲望才会越强烈。正因如此，《语文课程标准》在阶段目标中才特别强调：要学生"留心周围事物"，"养成留心观察周围事物的习惯"；不能因为要写作文了，才去急功近利地观察。

在中年级初步学习观察基础上，怎样教学生自觉地关注生活，主动地留心观察周围事物并养成习惯呢？教师可以"专题"辅导的方式，向学生系列讲述自己于此方面的经验；也可以把学生带到室外，指引学生在实际观察体验中学习观察。当然，最主要的也是最基本的途径，就是引领学生在阅读中学习作者观察生活、留心周围事物的方法，并及时运用到各自的观察体验与表达实践之中去。

如第11册《松坊溪的冬天[*]》，这虽是略读课文，但却是一篇结构严密、层次清晰、语言生动、极富章法、字里行间饱含热爱祖国山河之情的写景美文。因而，在放手让学生结合课后"阅读提示"把握全文内容、理清结构脉络、领会作者情感的基础上，还需启迪学生着力探究和发现作者的表达特点，继而领会和总结作者有序观察、仔细观察、反复观察、抓住主要景物前后对比观察的方法……所有这些，抛开阅读，单凭教师讲解或实地观察体验，是不行的。

全文结构层次		作者表达特点	
第一部分：描述松坊溪平时美丽的景象（第1~6自然段）	先写松坊溪地理环境（第1~2自然段）	简明记叙，一带而过。	以平时的美景映衬并使冬天的景色更美。
	再写松坊溪平时美丽的景观（第3~6自然段）	按"总→分（方位转换）→总"顺序，抓住溪涧景物特点记述，借景抒情。	
第二部分：描绘松坊溪冬天优美的景色（第7~22自然段）	先写松坊溪初冬特有的迷人风光（第7~11自然段）	运用间隔反复并依照"远→近"再"近→远"的顺序，抓事物特点描写抒情。	
	再写雪中松坊溪诱人的美景（第12~17自然段）	采取"高→低"且"远→近"顺序具体描画，并与平时的景象形成对比。	
	又写雪后松坊溪动人的景致（第18~22自然段）	按照"近→远"再"远→近"的顺序进行描摹，并把动与静紧密结合。	

学文后，既应提示学生背诵和抄写喜欢的段落，内化精彩语言及其作者的观察和表达方法，又需激励学生将学到的观察和表达方法，时时运用到自己的观察和表达实践之中，进而把学习和运用结合起来。

又如第12册《草原》，我们从文中会明晰地感悟到：老舍先生不但重视观察蒙古族同胞"飞马远接""热情欢迎""盛情款待""主客联欢"的具体场面，细致感受人物的心理，而且留心观赏一路上草原特有的优美风光。正因如此，作者笔下才诞生出这脍炙人口的传世精品：全篇虽属"访问记"，然而作者不仅注重以一段段感人至深的场面描写，去直接表现"蒙汉情深"的思想主题，还巧借景物描写来烘衬蒙古族同胞心灵之美，以及民族团结的精神之美。

83

篇章结构	内容大意	表达方法与作用
第一部分 （第1自然段）	初入草原见到的美丽景色和内心激动难平的感受。	将写景与抒情结合，以草原美景衬托蒙古族同胞心灵之美，民族团结的精神之美。
第二部分 （第2~5自然段）	临近陈巴尔虎旗，见到蒙古族同胞竟飞马到几十里外迎接前来的客人。	按照时间先后及地点转换顺序（访问过程），将叙事与抒情（"蒙汉情深何忍别，天涯碧草话斜阳"）紧密结合，直接赞美蒙汉两族人民团结友好的深情厚谊。
	到了蒙古包前，众多从几十里外乘马或坐车来的蒙古族人民热情欢迎我们。	
	进了蒙古包后，主人热情款待我们，双方相互敬酒。	
	饭后，主客联欢直至太阳西斜，还难舍难分。	

所以教学本文时，就需引领学生充分借助朗读——既要深刻体会文章抒发的强烈思想情感，细细品味老舍先生正面描写与侧面烘衬兼顾，记述场面、描写景物与抒发感情紧密结合的表达匠心；又要追本溯源，进而领会作者观察的方法以及为此所下的功夫。学文后，既需布置学生选择并细心观察一处自己喜欢的景物，仿照课文第一部分"把描写景物和抒发感情相结合"的表达方法，写一个片段；更要激发学生在留心观察周围景物的基础上，学习老舍先生借助环境景物描写来赞美人物、抒发情感的表达方法。这样，就把领会和学习运用篇章中的观察方法，有机地融合起来了。

2. 领会和运用作者选材立意的方法

选材立意的过程，就是确定"通过什么（哪些）材料，表达怎样写作意图（目的）"的过程。这个过程对于书面表达来讲，是构思篇章的起始，是极为重要的过程，决定着文章内容是否新颖、认识是否深刻，关乎着作品的质量与高度。选材立意有很多门道。要学生领悟并掌握这些门道，也不能只靠单纯枯燥的讲解，仍需与阅读联系起来。

就说第一章曾提到的第 10 册第 6 单元中的两篇精读课文《挑山工》《跳水》。它们在选材立意方面大有特点，可以给人深刻的启迪。前者主要写人，却重在借人物揭示事理；后者详细叙事，却重在以事件赞扬人物品质。该单元训练重点之一，恰是在理清结构脉络、把握主要内容基础上，领会并练习归纳篇章的中心主旨。

课文	材料	立意
《挑山工》	详细描述挑山工的登山特点，以及人物的外貌、语言。	在赞美挑山工精神品格的同时，着重说明不论做任何事，要达到目标都须不懈努力才行的道理。
《跳水》	具体讲述孩子陷入绝境的起因、经过以及最终脱险的结果。	着重表现船长临危机智果断的品质，也启迪人们遇事要沉着镇定、机智果断，做事不能失去理智，要顾及他人感受等。

因此，于分别指导研读上述篇目，落实训练重点之后，有必要启发学生再将它们联系起来，借助比较和分析，从中领悟和提炼作者选材立意的奥秘机关——忠实个人的生活与经历，忠实事物或事件的原貌，忠实撞击心头的独特感受，忠实自己的写作目的……这样，就把领会并归纳篇章中心主旨，与学习如何选材立意结合起来了。

又如，第 12 册教材第 7 单元中安排了《梅花魂》《理想的风筝》《为我唱首歌吧*》这样一组以记人为主的篇目。三篇课文，主题鲜明，用以表现主题的材料也很有代表性。由于第三学段就要结束，因而本单元教学目标也具有明显的综合性——不仅能准确归纳篇章的主要内容，深刻体会人物思想感情并写出自己的真实感受，还要能进一步领悟文章包括选材立意在内的一些表达方法。

课文	中心主题	所选材料
《梅花魂》	赞美人物眷恋祖国、热爱事业与生活、一心为他人着想的优秀品格。	通过密切关联、感人至深的多个事件片段，来表现某个人物的思想情怀。
《理想的风筝》		
《为我唱首歌吧*》		以一个具体且催人泪下的故事，来赞颂一个儿童群体为他人着想的崇高品质。

所以教学时，就可以引入"单元整体教学"理念：先布置学生将要完成的记人习作任务，并提示他们留心观察和努力丰富第一手材料。而后，在激发学生运用已掌握的自学方法及阅读记人类文章的要领，充分自读、感受和理解这组篇目，且积极寻求合作互助的基础上，着力指引他们借助比较的方式，领会作者依据主题筛选和确定所用材料的技巧——可以多个事件片段，去表现一个或多个人物；也可以一件具体的事及事件中人物的具体言行，去刻画多个或一个人物……总之，务必要根据表达主题的需要，去选择材料和确定材料的数量。然后激励学生借鉴如上要领，完成单元习作任务。如此，便把领会和运用作者选材立意的方法落到了实处。

3. 领悟和效仿作者布局谋篇的方法

布局谋篇就是在选材立意之后，全面谋划篇章的结构和格局，包括裁剪组织材料，确定记述重点，安排过渡照应，设计开头结尾，选用必要的表达方法和技巧等。它是构思篇章的核心环节，是提高习作质量，实现表达预期，避免"下笔千言、离题万里"现象的根本保证。而要学生领悟和学习布局谋篇的方法，就更需要从阅读这条捷径入手。

仍以第12册教材为例。先看第4单元中这组以记人为主的篇目：它们在选材立意方面，显然有很强的关联性，然而在布局谋篇，尤其是在选用刻画人物手段方面，却各有特色。

选文	选材立意	布局谋篇（刻画人手段）
《穷人》	用主动收养邻居两个孤儿一事，赞美一对穷苦夫妇善良仁爱的品德。	以心理描写详细刻画桑娜，以言行神态描写简略表现渔夫；以篇首环境描写为铺垫，侧面衬托人物。
《母亲*》	选用多件事赞颂继母的宽厚慈爱、深情高义。	以正面记述一个个催人泪下的典型事例为主；以穿插侧面描写"我"的心理活动做补充。
《争画*》	以"争画"一事表现政坛毛泽东、画坛齐白石、文坛郭沫若三位泰斗的风采。	详述故事情节；着重通过传神的言行神态描写，彰显人物学养深厚、情趣高雅、才思敏捷的特点。

再看第8单元，即该套语文教材于小学阶段中最后的这组篇目：仍以记人为主，而且在选材立意方面几近相同；只是它们在布局谋篇、特别是在规划结构和组织材料方式上，都别出心裁、各具匠心。

选文	选材立意	布局谋篇（规划结构和组材方式）
《詹天佑》	均以多个典型事例来颂扬人物热爱祖国、热爱劳苦大众的思想品德。	按"先概括再具体后总结"的方式连段成篇；"具体"部分又按人物主持修筑京张铁路全过程的先后顺序组织材料。
《我的伯父鲁迅先生*》		按"先果后因"（或称"倒叙"）的顺序，并以隔行为标志，组织材料，安排结构。
《小英雄雨来*》		将"顺叙"与"补叙"相结合，并以序号为标志，组织材料，呈现结构。

和运用词句、组句构段相比，布局谋篇属于上位的表达方法，既是至关重要的语文学习内容，也是学生较难领会和掌握的。因此，学生虽然步入了高年级，但是这方面的引导领悟、练习运用，应该是最初步的。换言之，教师既要增强指导的意识，又要正确把握领会、运用和评价的尺度。好在这方面的学习内容，初中还会进一步地认识和实践。

就说前面谈到的两组阅读篇目，在激励认真自学、启发合作互助的前提下：教师则需着力引领学生借助整合比较的方式，发现它们于刻画人物或规划结构、组织材料方面的特点，体会如此布局谋篇的表达效果；接下来，在以"帮助"为题作文的单元书面表达练习（通过具体事例写出别人是怎样帮助自己或自己是怎样帮助别人的）或在"给母校留个纪念册"的综合实践活动中，热情鼓励学生尝试应用、创造性运用所学的布局谋篇方法，去进行真情表达、个性表达和有创意的表达……

第四节　双结合教学注意事项

从以往教学实验的经历与效果看，要正确践行"双结合"教学，有必要澄清脑海深处的一些思想认识，彻底摒弃某些传统教学弊端。认识明确了，方向才会明晰；革除了弊端，创新实践才会得以持续发展和深入。

一、正确认识读与写的关系

读与写是两项重要的语文能力，是语文课程的专门任务，是学科素养的核心。谈到两者的关系，前面虽然略有提及，但是为了引起同事们的高度重视，这里则要集中地论述和强调：读是理解、吸收、内化，写是运用、输出、外化。写，离不开读；而读，却不只是为了写。

（一）表达一定离不开阅读

书面表达能力是学生思想认识、生活储备、语言积累、表达技能等语文素养的综合体现。若使学生尽早形成并不断增强这种能力，既要重视引领学生养成留心观察生活的习惯，有意识地不断丰富个人的生活经历，不断提高习作兴趣和自信心，又需着力引导学生不断提升认识水平，不断充实语言积累，不断学习并掌握一些基本的表达方法……而所有这些，都有待于指引学生从阅读中学习和吸纳。

或指导学生先读后写，从读学写；或基于学生习作中的问题，增强阅读教学的针对性,以读促写;或写后再读,借读带写。总之,要发展学生的书面表达能力,就必须坚定不移地重视和不断创新阅读教学,使它能最大限度地发挥对书面表达的促进作用。

(二)阅读不只是为了表达

阅读有助于表达,阅读教学也确实肩负着指导和带动书面表达的重任。然而,说阅读就是为了表达,阅读教学全是为了写话、习作训练——这种言论和认识也是错误的。持此认识和观点的,或许是受到《语文课程标准》(2011年版)关于"语文课程是一门学习语言文字运用的综合性、实践性课程"论述的影响。

这里,暂且不论《语文课程标准》(2011年版)对语文课程性质的定义是否准确、严密,单说阅读教学的主要任务。阅读教学是小学语文教学的基本环节,是识字和获取多方面知识的主要途径,是训练听说读写能力、发展思维、浸润学生心灵、提高学生思想认识的重要载体,在学科各项教学内容中发挥着"一荣俱荣、一损俱损"的作用。然而,它的主要职能还是培养学生的阅读能力和良好阅读习惯。

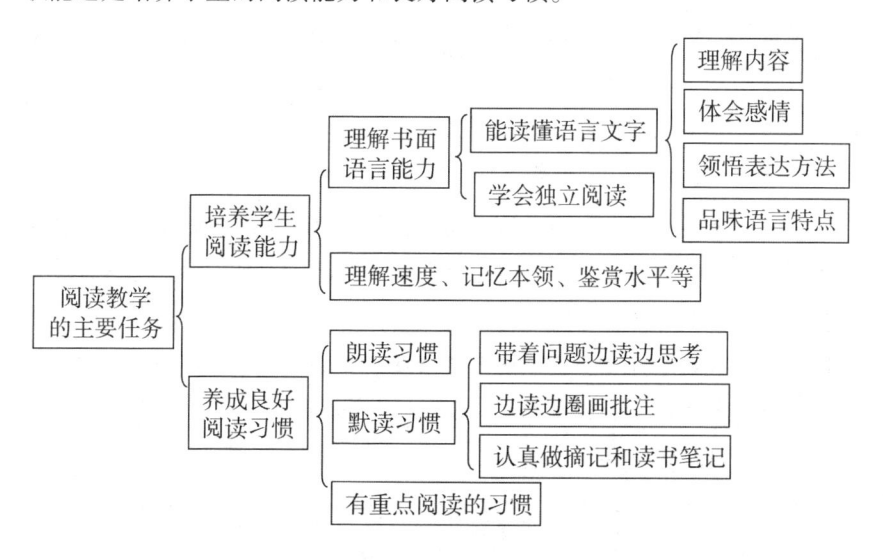

```
                                        ┌─ 理解内容
                          ┌─ 能读懂语言文字 ─┼─ 体会感情
              ┌─ 理解书面 ─┤               ├─ 领悟表达方法
              │  语言能力  └─ 学会独立阅读    └─ 品味语言特点
     ┌─ 培养学生 ┤
     │  阅读能力 │
     │         └─ 理解速度、记忆本领、鉴赏水平等
阅读教学 ┤
的主要任务│         ┌─ 朗读习惯 ┬─ 带着问题边读边思考
     │         │          │
     └─ 养成良好 ┤ 默读习惯  ├─ 边读边圈画批注
        阅读习惯 │          │
                │          └─ 认真做摘记和读书笔记
                └─ 有重点阅读的习惯
```

从上表可以看出，指导和带动书面表达，只是阅读教学诸多任务的一个方面，而且主要是通过领悟表达方法、品味语言特点、积累精彩语段等环节方式来实现的。

因此，不论是精读课文还是略读课文，也不管是单篇教学还是群文整合教学，若想更好地发挥阅读对书面表达的促进作用，就需在组织学文的过程中：既要善于引导学生"读进去"，知意入情得理，并学会和掌握自读方法；又应特别重视引领学生"读出来"，领悟作者的表达顺序、方法及效果，欣赏和积累精彩语段，并使"进"与"出"这两个回合有机融通且相互促进。这里，教师应格外注意的，是要依据文本体裁特点、学段具体目标、学生自学程度等，准确把握"进"与"出"的重点方面以及每个方面中的着力点，合理分配课堂教学用时。

二、丰富练笔的内容和形式

激发并巩固学生高昂的表达欲望，使他们对写话和习作总是持有那股热情的期待，就需要丰富练笔的内容和形式。拓展学生的语用范围，使他们掌握各种表达形式的要领，且不断提高书面表达质量，更需要丰富练笔的内容和形式。因为内容单调、形式单一的练笔，不但难以达到预期的目标，还会影响学生的表达心理和态度。

（一）把随文练笔落到实处

把随文练笔（或称随堂练笔）落到实处，也就把"读写结合"训练落到了实处，课堂阅读教学实效也就有了最基本的保证。为把随文练笔落到实处，并使该环节更有实效，在关注单元训练重点，以学定教，最大限度地减少无效教学环节，进而确保练笔所需时间的同时，还应注意以下诸项事宜。

1. 精心考虑随文练笔内容

随文练笔不应是孤立的，只是就文论作。练笔的内容既要与课文的中心主旨、表达特点及其承载的教学任务相契合，又要考虑单元习作训练重点和要求，使随文练笔成为完成单元习作前的必要的单项训练。那种

"为写而写""写什么都行"的练笔是不足取的。此外,为照顾不同层次的学生,让每个人都能拿起笔来,有所收获,随文练笔还应考虑将摘抄型的与摘要型的、想象型的、感受型的、评价型的结合起来。

2. 指导进行有章法的练笔

有章法的练笔才是有效的练笔。学生掌握的章法多了,运用得熟练了,书面表达能力自然也就增强了。那种没有章法要求,"怎么写都可以"的练笔是重复的、低效的。练笔的章法从何而来呢?——从课文中来,从课文里学生能够掌握又应该掌握的表达方法中来。这便要求我们在前面的指导读文环节,既需重视引导学生获意入情,更需注重启迪学生悟法得言,进而为随文练笔提供方法和语言支持。

3. 充分发挥练笔的多元作用

随文练笔属于"阅读性练笔"(非"生活性练笔"),即练笔或是以课文内容为内容,或是对课文内容情节的补充、拓展、延伸……因而这种形式的练笔具有多元的意义。当然,也应充分借助随文练笔,在发展学生想象能力,锻炼和提升学生规范的书面语言表达能力的同时,进一步促进学生加深对课文内容和重点句段的理解,对文中人物思想感情以及作者写作意图的领会。

(二)关注多种语用实践练习

随文练笔属于单项练习,意义尽管重大,然而仅凭这种练笔方式还远不够——它不足以带动和提高学生的单元习作质量,继而提升学生的书面表达能力,促进并发展学生的语文素养,还需格外关注如下几种练笔形式。

1. 日常生活中的观察心得日记

激发学生每日挤出一些时间,以观察日记、心得日记的形式,及时把当天观察到的或亲身经历过的内容,连同内心的深切感受或体验,真实地记录下来,这会让学生受益无穷。——既有助于培养学生持之以恒的观察习惯和敏锐的观察能力,进而提高思想认识水平,增强辨别是非的本领;又为他们出色完成单元习作练习,广泛积累了鲜活的素材,进而化解了习作的难度，破除了作文的神秘感。既有助于学生运用和强化课上所学的字、词、句等基础知识，选材、剪裁、布局谋篇等表达方法，进而不断加强书面表达技能；又磨炼了学生的意志，帮助他们留下了各自的求知足迹和成长轨迹。——因此，《语文课程标准》虽未明确提及此项训练，但我们必须给予足够的重视。

2. 课外阅读活动中的读书笔记

要通过引导、激励、检查、评定等切实可行有效的措施，使学生不仅爱读书，读整本的书，读一本本的书，而且尽早养成"不动笔墨不读书"的良好习惯——在阅读的过程中，随手做一些标画、批注，记录下其中的疑难问题；及时摘录一些精彩句段，写一些阅读后的体会和收获……如此，让学生萌生更浓的阅读兴趣，进一步丰富课外阅读实际获得，不断增强语用本领，同时为课内的单元习作储备知识、认识、情感和语言。

3. 融入于其他学科的语用实践

设计"学（练）习单"，拟订"实验方案"，编制"思维导图"，学做听课笔记，撰写"访谈（考察、研究）报告"……对于这些融入于各学科的语用实践方式，语文教师也需协助并提供必要技术的支持。这样，促使学生在提高各学科学习效果的同时，不断地发展包括语用能力在内的综合素养。

三、给予充裕的双结合时间

在"双结合"教学实践中，时间是个首要的因素，也是个最大的难题。为什么呢？学生自读、拓展读需用时间，随堂练笔、修正练笔也要有时间做保证，而每堂课的教学时间终归是个常数。那么，课堂上用于"双结合"的这宝贵时间从哪里来？毋庸置疑，这时间只能从减少并努力杜绝课堂上低效甚至是无效的学文环节中来，最大限度地提高教读、精读的实效，最大幅度地压缩学文过程中所耗费的宝贵时间。

怎样做到这些呢？出路只有一条——那就是要遵从阅读教学法则，彰显学科教学本色，把以串问串讲为主要特征的"讲析课"，上成平实而又扎实的"读书课"。

即，把朗读和默读作为阅读教学最重要的训练目标，在培养学生朗读和默读能力、习惯的当儿，不断增强学生的语感。与此同时，又把朗读和默读作为感受、理解、欣赏与评价语言文字最主要的手段，指引学生带着核心问题充分地读，有层次和有目的地读——在读中感知与了解（课文大意）；在读中感受与理解（词句含义）；在读中体会与表达（思想感情）；在读中领悟与发现（表达方法及效果）；在读中内化与积累（思想、方法和语言）……

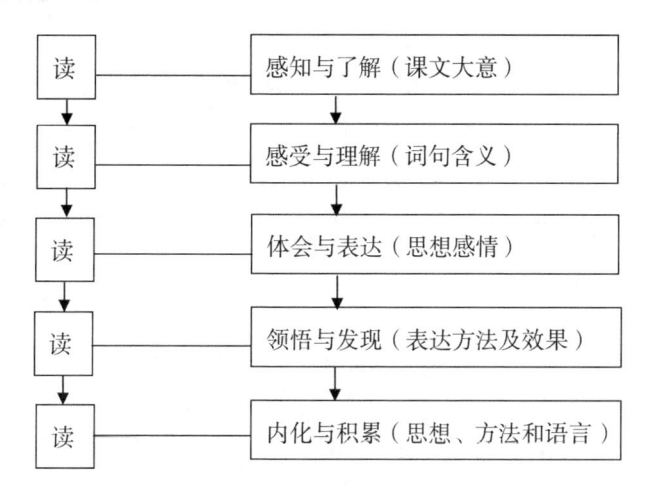

读	→	感知与了解（课文大意）
读	→	感受与理解（词句含义）
读	→	体会与表达（思想感情）
读	→	领悟与发现（表达方法及效果）
读	→	内化与积累（思想、方法和语言）

这是从根本上摆脱阅读教学课堂耗时低效魔障的需要，是践行"双结合"教学、营造高效语文课堂的需要，更是语文教师主动地自我革新、自我进步、努力提高教书育人质量的需要。

第三章

群文整合教学

如何进一步发展和创造性地践行"双结合"教学理念，让阅读教学的效率更高、效益更大呢？随着语文课程改革实验的不断深入，特别是在北京市教委于 2014 年 10 月印发的《北京市中小学语文学科教学改进意见》的指导和催动下，实践群文整合教学，以及于此基础上的主题阅读教学、专题研读教学等，便成为语文教育改革先行者初步达成共识的一条重要的探索途径。

第一节 核心概念与主要优势

一、什么是群文整合教学

群文整合教学的核心概念有两个，一是"群文"，二是"整合"。

"群文"，指组合在一起的内容互补的，尤其是具有某些关联因素的两篇、三篇或多篇文章。它是相对于"单篇"或"以单篇为主"的教学内容而言的。

"整合"，《现代汉语词典》（第 6 版）的释义是通过整顿、协调，重新组合。这里讲的"整合"，意为依据各单篇文本之间所具有的某些关联点、共同点、相近点，而将它们组合在一起，以便借助整体把握或比较阅读的方法，使学生在比较全面地感知内容、悟情晓理的同时，更清晰地了解群文的互补性，更深刻地认识群文的共同点、相近点以及各自的特点，进而去更有效、更规范地学习和运用这些读与写的规律。

"群文整合教学"，即一改"单篇"或"以单篇为主"的教学内容与教学方式：将具有某些关联因素的多个篇目组合为一，使之形成一个新的由群文组成的整体，借以密切联系，自然放大和突显它们于题材、读法、写法等方面的关联点、共同点、相近点以及各自的特点；于此基础上，引导学生着重借助整体把握或比较阅读的方法，去全面地分析事件、感受人物，准确发现其中的读写规律，并通过规范和有效的读写拓展实践练习，使课堂收到"一加一大于二"的教学效果。

"群文整合教学"与"读写'双结合'教学""主题阅读教学"，是一回事吗？不是的。它们之间既有着紧密的联系，又有着各自的特点。

"读写'双结合'教学"意为课内阅读要与课外阅读结合，阅读要与表达结合。其中，课内阅读与课外阅读的结合，着重强调的是要将教材中的文本和与之密切相关的课外资料结合；通过课外相关资料适时地融入，借补充读、联系读、对比读，以及课后的拓展读，让学生更好地理解课本中的篇目，更大限度地拓展阅读视野，更大幅度地提升阅读能力，更大程度地丰富学识和积累。说到底，这种"结合"方式的实质，是以一篇带多篇或多个片段的，乃至带动整本书阅读的，是以阅读一篇为主兼读相关内容的。而"群文整合教学"更看重和突出的，是群文的整体性、关联性特点，文本篇目之间没有根本的主次之分。

"主题阅读教学"尽管同属于多个文本篇目的整合教学模式，可是它更侧重依据亲情、友情、人与自然、人与社会等人文主题去组合篇目，更注重通过多个文本的组合研读，最终对"主题"形成深刻、相对统一的认识。而"群文整合教学"组文结群的依据，可以是作品的题材、主题，也可以是作品的作者、时代，当然更关注的是作品的体裁、表达方式、语言风格，以及阅读的方法、策略等。这个"依据"，便是群文之间的"关联点"，有人也称之为"议题"。在导读实践过程中，"群文整合教学"既重视启发学生"读进去"——体味含义、入情晓理，又强调引领学生"读出来"——体会文中关键词句表情达意的作用，尤其是借助比较阅读，发现并领会文中言之有序、言之有物、言之有情以及选材立意、布局谋篇等更高位的表达方法。

就说教学第7册《赵州桥》一课：学文中，依据实际需求，适时地融入师生查阅到的相关图文资料——包括中国古代隋王朝以后的朝代表，记载同时期及以前有关石桥的图与文，具体说明赵州桥创新设计与好处的图文资料，记述西方国家同类石桥建造状况的短文，现当代中外名家对赵州桥在建桥史上重要地位的评价等——以帮助学生进一步理解赵州桥建造时间久远，在建桥史上是创举设计，是我国宝贵历史遗产等疑难问题。学文后，激发学生再次广泛查阅展现中国古今其他著名桥梁的图文资料，并于认真整理、编辑、补充说明的基础上，创办"观中国古今桥梁，展华夏民族智慧"主题展示活动。

这是一个设计精彩、内容丰富的教学课例。然而，通观研读的内容和教学的结构安排，它还不属于"群文整合教学"。因为教学中没有通过群文或精彩片段之间的整合、比较，进而促使学生领会它们在内容情意与表达方式等方面的关联这一重要环节。从课堂导读部分看，它更像"读写'双结合'教学"——因为研读的内容是以课文《赵州桥》为主的，穿插的图文资料皆是着重帮助学生解读主要篇目中重点词句内容的。从课后延展部分看，它更像"主题阅读实践活动"——因为学生查阅、整理和展示的内容，是紧紧围绕一个明确主题进行的。

说到"比较"，中国人民的伟大领袖毛泽东同志就曾讲：有比较才能鉴别；有鉴别，才能发展。当代著名语言学家周有光先生进一步强调："比较与分类是任何学问、任何学术要走上轨道的必由之路。"对此，国外教育家、心理学家们也多有强调。19世纪俄国教育家乌申斯基说："比较是一切理解和思维的基础，我们正是通过比较来了解世界上的一切的。"19—20世纪俄国生理学和心理学家谢切诺夫说得更中肯："比较是人类最珍贵的智力因素，是人们辨别、确定事物异同的思维过程和方法。"

关于"比较阅读",人们普遍认为:它是一种高层次的、有效的研究性阅读。古代《学记》中讲:"古之学者,比物丑类。鼓无当于五声,五声弗得不和;水无当于五色,五色弗得不章;学无当于五官,五官弗得不治;师无当于五服,五服弗得不亲。"这段话的意思是说:古时候做学问的人,特别善于从事物的类比中体会出事物的关系。鼓并不等于五声,但若没有鼓,五声就不和谐;水并不等于五色,但若没有水,五色就不鲜明;学习并不等于五官,但若不学习,五官就不能发挥作用;教师不在五服之列,但若没有教师,五服之间的关系就不亲密。

现代语文教育大家叶圣陶先生,更重视并积极倡导比较阅读。他说:"阅读方法不仅是机械地解释字义,记诵文句,研究文法修辞的法则,最紧要的还在多比较,多归纳,多揣摩,多体会,一字一语都不轻轻放过,务必发现他的特性。唯有这样阅读,才能够发掘文章的蕴蓄,没有一点含糊。[1]""就读的方面说,若不参考,分析,比较,演绎,归纳,涵泳,体味,哪里会'真知'读?哪里会'真能'读?[2]"

二、群文整合教学的主要优势

群文整合教学方式,它不是我们一时的教学冲动,而是一种具有理论指导依据的有益探索;它不是一般教学方法、教学技巧方面细微的改进,而是教育理念与教学方式的重大创新。它有助于提高阅读教学乃至语文教育的效果,进而促进学生全面发展和终身发展。具体地说,这种教学方式主要有如下方面的优势。

(一)丰富课堂阅读信息量

无须赘言,教学的效率首先取决于单位时间内学生阅读量以及获取信息量的多与少。课堂上,变"单篇教学"为单元内部、前后单元或课内

---

[1] 摘自叶圣陶先生《国文教学的两个基本观念》。
[2] 摘自叶圣陶先生《认识国文教学》。

外相关篇目的"群文整合阅读",学生阅读量大了,从中获取的信息多了,教学的效率自然便提高了。

提高了课堂教学的效率,就自然会节省出更多的语文课时来。将这些课时用于组织开展课外主题阅读、专题研读、学科系列实践活动等,用于引领学生读整本的书,读他们喜欢的一本本的书。如此,又进一步丰富了学生的阅读信息量,带动和发展了学生以语用为核心的语文素养。这样,通过课堂阅读教学方式的转变,便盘活了当下令社会多有诟病的语文教育,就从根本上扭转了近70年来语文教学耗时低效的状况。

(二) 助力精准理会内容情感

指导阅读,首先要引导学生真正读懂内容,准确领会文中人物、文章作者表达的思想情感,并能用比较简洁的语句总结归纳。即,学生要能确切地把握读物讲了什么,表达了什么。这是披文入情、以文化人的过程,是从"具体(语言)"到"概括(内容)"的过程,是阅读第一回合"读进去"的过程。

各年级语文教材收入的课文,加之学生主动收集查阅到的读物,其大多内容是浅显的,表达的情感与揭示的事理是易懂的。因此,对于这样的篇目,引导学生"读进去"的回合,是教学重点但却非教学难点,而且重点也应放在帮助学生归纳、概括的环节上。而对于那些少数的含义深刻又情感丰富的篇章,将它与另外相关篇目整合研读,这对帮助学生准确理解整组文本内容,深入体会作品蕴含的思想情感,是极其有益的。

例如,把第8册毛泽东同志的《七律·长征》(1935年10月)与他在长征途中写的另外6首诗词《忆秦娥·娄山关》(1935年2月)、《十六字令三首》(1934—1935年)、《念奴娇·昆仑》(1935年10月)、《清平乐·六盘山》(1935年10月)整合研读。这对学生理解并丰富核心作品的内容,认识且走进长征,深切感受中国工农红军不惧任何艰难险阻、所向无敌的革命气概和乐观主义精神,了解中国共产党人的远大理想,以及领会毛泽东诗词言尤简、意更丰、境更阔、想象更深远的特点,裨益无疑是巨大的。

(三) 促进发现并掌握语用规律

阅读教学不同于以获取内容信息为主要目的的一般性阅读。因此，导读每一篇文章，在使学生准确领会和把握文本内容、作者情感的同时，还需及时且恰当地指引学生揣摩其中关键词句表达情意的作用，重点部分连句构段的方式与效果，全文选材立意、布局谋篇的妙处，作者描景状物、叙事记人、抒情论理的方法……即，学生要能正确领悟文章承载内容和情感的方式方法，也就是要了解作者是怎么写的，因何会这样写。这是从"概括（内容）"又回到"具体（语言）"的过程，是阅读第二个回合"读出来"的过程，是内化和积累语言、形成并增强语感的过程，是发现、掌握且不断累积语言表达规律，促进语用能力不断提升的过程。

较之第一个回合，这第二个回合不仅是各学段以及指导研读各类篇目的教学重点，也是教学的难点。它既是准确、全面理解语言文字的核心要求，又关乎着学生语用实践的质量，以及他们学科核心素养的发展。而课堂上，改"单篇教学"为关联篇目的"群文整合阅读"，为促进学生更好地发现并掌握语用规律，作用一定是显著的。

这其中的道理不难理解。从信息加工理论看，语言规律的把握，语用技能的形成，往往需要在众多同一类语言现象不断复现和刺激、同化和顺应①的基础上，才能形成相应的心理图式。也就是说，把同一类或具有其他关联因素的文章整合阅读，才更有助于学生在举三反一、横向比较的认知过程中，加深感受与理解，进而发现并掌握语言表达规律，形成语用能力。

(四) 催动提升读写实践能力

在"群文整合教学"的课堂上——运用"读法"自学，依照"读法"导学，在导学中丰富"读法"；从读中领悟语用方法，学习语用方法练习表达，借助语用表达深化阅读理解——这是最主要的，着力突出学科

---

① 同化，即把新知纳入自己原有的认知系统。顺应，就是自己原有的认知系统被新知所覆盖，形成新的认知结构。

"实践性"特点的教学组织方式。

在这种教学方式中，学生所得到的、获取的，不只是正确的情感态度、深刻的事理、正确的读法、可用的表达方法，还有实实在在的、与日提升着的读写实践能力。

（五）带动培养良好思维品质

语文学科同理科一道，担负着锻炼思维、发展智力的重任。为此，教学中积极培养学生广阔且深刻、流畅且变通、灵活且敏捷、新颖且独创的良好思维品质，使之不但思得深、思得新，而且思得快、思得活，就显得格外重要。

"群文整合教学"方式，其坚持的沟通课内外的广泛阅读，就在自觉、有效并持之以恒地发展着学生的思维和智力，使他们思考和解决问题的能力越来越强；其间，于引导由"语言"到"内容"的归纳概括中，于指导由"内容"再到"语言"的吟咏品味中，于引导异中求同、同中求异的观察比较中，就在主动且自然无痕地培养着学生良好的思维品质。

前面曾提到《北京市中小学语文学科教学改进意见》。为充分发挥语文学科在立德树人方面的重要作用，落实培育和践行社会主义核心价值观的紧迫要求，更好地推进中小学语文教育教学内涵发展和质量提升，有效解决语文教学中优秀传统文化内容彰显不足、经典文学作品阅读量不够、作文教学程式化、语文教学与其他学科以及社会实践整合不够充分等方面的深层次问题，该文件共提出21条教学改进意见，归纳起来，涉及下列八个主要方面：

一是在教学要求上，强调要严格遵照"课标"组织教学，并加强学段间衔接；二是在教学目标上，强调要继承和弘扬优秀传统文化，坚持立德树人；三是在教学途径上，强调要注重实践，倡导在运用中学习语文；四是在课内阅读上，强调要积极拓展阅读视野，提升学生阅读能力；五是在课外阅读上，强调要不断开发与丰富阅读资源，加强方法指导；六是在表达训练上，强调要有效加强学生写作能力培养；七是在教学方式上，强调要扎实推进教与学方式转变，倡导开放学习；八是在评价方式上，强调要不断深化学习评价方式改革。

以上各方面，对于我们自身的小学语文教育现况来说，显然第七方面是尤为紧迫的。正因如此，探索"群文整合教学"方式，也就更有着它重大且现实的意义。

第二节　基本要领与根本前提

一、群文整合教学的基本要领

变"单篇"或"以单篇为主"的教学方式，为进行"群文整合教学"，这当中应注意掌握的要领是多方面的。其中，最主要的，当是如下几方面要领。

（一）准确把握文本关联因素

哪些课文或篇目可以组合在一起，进行整合教学呢？这是实践"群文整合教学"首先要考虑的问题，也是一个重大的且极费心思的问题。为此，教师既要不遗余力地认真研读课文，对照手中积累的各种相关读物，多方查阅并细细审读凡是想到的、能够寻找到的具有关联的资料，进而准确把握文本之间的关联因素；又应时时顾及"课程标准"于该学段的具体要求。

单就把握文本之间的关联因素而言，选文时，总体上可以从如下方面去考虑：文章内容（或事件背景）的关联；篇目体裁的关联；篇章主题的关联；作品表达方式方法的关联；作者及语言特色的关联……

至于作品的表达方式方法，针对教学的不同学段，考虑文本间的关联因素时，又该有所侧重。如低年级读写练习的重点是词句，所以就应侧重考虑文本精彩语段中，遣词用语方式的关联，句式句法的关联，标点符号使用方法的关联……如此，促使学生在"群文整合教学"的课堂上，更多地积累优美生动的词句，更好地了解和学习遣词造句的方法，连贯并富有童趣地写几句话的方法，运用逗号、句号、问号、感叹号正确表达情意的方法等。

对于中年级，因读写训练的重点是句段，并且肩负着完成向篇章过渡的任务，所以就该侧重考虑文本间篇章结构法（连段成篇方式）的关联，重点段落结构法（即连句构段方式、连自然段成结构段方式）的关联，具体描写事物方法的关联，抒情方法的关联……这样，促进学生在"群文整合教学"的过程中，更有效地领悟和练习言之有序、言之有物、言之有情的表达方法。

至于高年级，因为读写实践的重点是段篇，所以就要侧重考虑立意与选材的关联，立意与布局谋篇的关联，立意与拟题的关联，立意与语言特色的关联……如是，引领学生在"群文整合教学"的实践经历中，更深切地领会和掌握依据材料提炼主题的方法，依据主题取舍材料、布局谋篇的方法，依据表达目的与重点正确拟题的方法等。

（二）精心选定整合教学篇目

即，在反复且用心研读课文，进行深度单元备课，准确把握全册每一篇课文以及课内外文本间的关联因素，认真考虑学情的基础上，去精心选定出用于整合教学的具体篇目。下面仅以小学语文北京版实验教材第8册第1~4单元教学篇目为例，做具体阐述。

1. 整合篇目的数量

可以是两篇作品的整合，也可以是三篇、四篇或更多作品的整合。例如，把该册教材第3单元中的《美丽的小兴安岭》与《观潮》这两篇课文整合教学。通过整合教学，让学生在深刻感受祖国山河无限壮美的同时，更深切地领悟文中重点部分，作者抓住主要景物特点，有序、具体且融情于景的表达方法。

篇目	相同点	各自的特点
《美丽的小兴安岭》	①重点部分按时令或时间顺序，逐层并且有序地记叙景象。 ②抓住主要景物，把描写景物特点与表达对祖国壮丽山河的赞美、热爱之情相融合。	突出主要景物在不同季节中的特点。
《观潮》		借助前后景象对比，以突出主要景物的特征。

又如，把本册教材第2单元《古诗词三首》一课中《春日》《忆江南》《清明》这三首古诗词整合教学。通过整合教学，使学生更清晰地了解这组古诗词在表现内容、抒发情感两个方面的相同之处与各自的特点。

篇目	相同点	各自的特点
《春日》	①都有对春景的描述。 ②都把刻画春天景象与表达内心真挚情感紧密结合。	融赞美之情于描写之中。
《忆江南》		把描绘景象与直抒胸臆相结合。
《清明》		把描写、叙事、抒情三者紧密融合。

2. 整合篇目的类型

可以是精读课文之间的整合，也可以是精读与略读或自读篇目的整合。例如，把第8册教材第4单元中的《果敢的判断》和《语言的魅力》这两篇精读课文进行整合教学。通过整合教学，让学生更清楚地认识这两篇课文以记叙事件来论理又喻人的选材立意特点，以及作者将正面表现人物与衬托、对比相结合的表达方法。

篇目	相同点	各自的特点
《果敢的判断》	①以补叙顺序记述事件。 ②以叙事赞美人物，同时揭示事件中蕴含的意义。 ③以描写言行心理正面表现人物品格。	借描述大赛层次之高，衬托主人公相信自己、敢于做出正确判断的品格。
《语言的魅力》		借事件前后效果对比，大好春光与盲老人眼前一片漆黑的情形对比，凸显主人公的品格及语言的巨大魅力。

又如，把这册教材第1单元中的精读课文《一个中国孩子的呼声》与略读课文《春天的雨点*》整合教学。通过整合教学，使学生更加全面地了解"对比"手法的特点，以及这种方法在表达情意上的突出作用。

篇　目	相同点	各自的特点
《一个中国孩子的呼声》	①叙事言情。②借助对比手法，表现人物内心的思想情感。	在多个语段中，把美好的期盼、憧憬、往事与眼前的残酷现实做对比，以表现作者的悲痛心情、强烈愿望。
《春天的雨点*》		借事件前后达丽玛心理活动的对比，来突出她不安、自责以及对老师的感激之情。

《一个中国孩子的呼声》一文中精彩语段欣赏：

现在这顶"蓝盔"回来了，但它是钉在爸爸的灵柩上回来的。

我们如约捧着鲜花，接到的却是爸爸那覆盖着国旗的遗体。

我的爸爸精通四国语言，是一位出色的经济学博士，本来他可以为人类做出更大的贡献，却被战争夺去了生命。

51年前，全世界人民用生命和鲜血赢得了反法西斯战争的胜利，但是51年后的今天，和平之神并没有永驻人间。

今天，我们中国的孩子虽然生活在和平环境之中，但是世界并不太平，不少地区还弥漫着战争的硝烟，罪恶的子弹还威胁着娇嫩的"和平之花"。

《春天的雨点*》一文精彩开头和结尾欣赏：

达丽玛坐在教室里的板凳上，圆溜溜的一双眼睛正看着老师，但是，她的心正和春风一起游荡在大草原上：那雪团似的小羊羔在撞着羊妈妈的奶头跪着吃奶吧；那刚拱出犄角的牛犊儿又在互相顶架吧；那黑油油的小巴儿狗正在追赶苍鹰映在地上的影子吧……

达丽玛摸着自己干干的衣服，望着细雨中老师的背影。她没答理跑来讨好自己的小巴儿狗，没去看心爱的小羊羔，也没理睬调皮的小牛犊儿。

她一直望着老师的身影消融在大草原里。

再如，把此册教材第3单元中的精读课文《威尼斯的小艇》、略读课文《北京的长城*》与本单元"语文实践活动"中的自读短文《美丽的西藏**》整合教学。这样，让学生在尽情饱览中外奇丽风光的同时，更集中地领会这组文章的重点部分围绕一个核心意思，从有紧密联系的不同方面，进行有序且具体描述的表达方法。

篇　　目	相同点	各自的特点
《威尼斯的小艇》	①写景状物类作品。 ②按不同方面顺序，具体记述事物或某一地区的景物特点。	重点部分从样子、船夫的驾驶技术、作用三个方面，来具体记述小艇为什么是威尼斯重要的交通工具。
《北京的长城*》		重点部分从惊险、精巧等五方面介绍司马台长城的特点；从壮观、墙体宽大等五方面讲述八达岭长城的特征。
《美丽的西藏**》		重点部分从高山无数、天空湛蓝、湖泊众多、森林遍布、牧草丰盛等多个方面，具体描述美丽西藏的特色。

3. 整合篇目的来源

可以是同一单元内的课文整合，也可以是跨单元的课文整合；可以是课文与课外或自编自创篇目的整合，也可以尽是课外或自编自创篇目的整合。例如，把第8册教材第1单元内的精读课文《山沟的孩子》，与第2单元中的略读课文《冰激凌的眼泪*》进行整合教学。通过整合教学这组跨单元且不同类型的课文，使学生更加真切地感受山里同龄的孩子们渴望求知、不怕困难、虽苦犹乐的学习精神，更加深刻地领悟文中景物描写以及人格化的语言，在表现人物、表情达意上所起的突出作用。

篇　目	相同点	各自的特点
《山沟的孩子》	①叙事性作品。②主要表现祖国山村孩子对知识的渴望。	借描写上学、放学路上的景物及景物颜色的变化，来说明山道崎岖难行、路途漫长遥远、跋涉时间长，进而衬托大山里的孩子们辛勤刻苦学习，却一点也不觉得苦的精神。
《冰激凌的眼泪*》		以人格化的手法，借物言情。

《山沟的孩子》一文中精彩语段欣赏：

天还没有亮，山沟沟是黑的。

孩子们从这座山，翻过那座山，背着书包上学校去。野葡萄由黑变绿了，牵牛花由黑变紫了，女孩儿身上的新褂子由黑变红了。远远近近，初升的红日把他们拥抱。

天渐渐地黑了，夜雾笼罩着山沟。

孩子们从这座山梁，翻过那座山梁，背着书包放学回家。山楂果由红变黑了，路边的草垛由黄变黑了，男孩子身上的褂子也由蓝变黑了。远远近近，说说笑笑。

《冰激凌的眼泪*》一文中精彩语段欣赏：

第二个星期，他看到了一个孩子的作文："我们都很爱我们的老师，他是一个好人。老师给我们每人买了一个冰激凌。冰激凌很好吃，我们以前谁都没有吃过。那时，我们感动得流泪了，冰激凌也很感动，也流着白色的眼泪……"

又如，把该册教材第1单元的精读课文《龙》，与配套读物《语文读本》第1单元中的《我的家在中国北京**》进行整合教学。通过整合教学这组穿越课本内外的现代诗歌，让学生于深入体会作者真挚的爱祖国、爱首都北京之情并产生强烈情感共鸣的同时，一目了然地发现这两首诗歌在抒发情感上的显著特点。

篇　目	相同点	各自的特点
《龙》	①现代诗歌。 ②表达了强烈的爱国之情、爱首都北京之情。	借家人与老师之口来抒发爱国情怀。
《我的家在中国北京**》		以自己所见所闻所想来直接表达内心对祖国的热爱与自豪之情。

再如，把本册教材第2单元的精读课文《小珊迪》，与配套读物《语文读本》第2单元中的《真情的回报**》《爱+智慧=奇迹**》这三篇文章结群成组。通过整合教学这组穿越课本内外且令人感动不已的文章，使学生在走近文中人物，触摸主人公美好心灵，深受感染教育的同时，能自主并且明晰地领悟到它们以具体事件和细节，来突出人物的表达方法及效果。

篇　目	相同点	各自的特点
《小珊迪》	①以记人为主。 ②通过典型事件着重表现和赞美人物诚信、善良、仁爱的品格。 ③借周围人真情的回报来进一步烘托主人公的品格，增强作品的感染力。	以三个场景表现人物。
《真情的回报**》		以推车送、肩扛送、骑车送三个细节凸显人物。
《爱+智慧=奇迹**》		以一件具体的事赞美人物。

另如，在教学此册教材第4单元《果敢的判断》《语言的魅力》《六个馒头》《天游峰的扫路人*》这些课文后，就可以把与教材配套的课外读物《语文读本》第4单元中的《童年的馒头**》《奇迹**》《同一个名字**》《高尚的施舍**》《焐手**》《给予的生命水**》等6篇以"爱"为主题的文章作为一组，引导学生整合研读。通过整合教学这组文章，让学生在感受人间亲情、挚爱、大爱，心灵受到浸润的同时，进一步领会以具体事件表现人物的表达效果。

篇　目	相同点	各自的特点
《童年的馒头**》	①以具体事件着重表现人物。②赞美人间亲情、挚爱、大爱。	爱护自己的儿子。
《奇迹**》		爱护更小的弟弟。
《同一个名字**》		爱护朝夕相处的同事。
《高尚的施舍**》		爱护陌生的残疾乞丐。
《焐手**》		爱护素不相识且犯了错误的孩子。
《给予的生命水**》		爱护自己身后每个不曾谋面的身处困境的人。

需要强调指出：不同年段或学段，由于阅读教学的重点不同，教材编排框架体系中每篇课文承担着的训练任务不同，所以要慎重对待超年段，尤其是跨学段的课文整合教学。换言之，整合教学超年段或跨学段的篇目时，要尽可能地以不破坏课文承担的训练项目、训练重点为前提。

例如，对于第 7 册课本中叶圣陶先生的这首现代诗歌《瀑布》，就可以将其与第 9 册课本收入的唐代诗仙李白的那首七言绝句《望庐山瀑布》，进行整合教学。这样，既不破坏和弱化《望庐山瀑布》一诗于第三学段中担负的训练任务，又可借助比较研读方法，让学生更清晰深刻地领会古今这两首风格迥异的诗歌，在表达内容、情感、手法方面的关联与特点。

篇　目	相同点	各自的特点
《瀑布》（第7册）	①同为描写瀑布的壮观景象，想象丰富，尽情抒发赞美之情。②在表达上，都把描写壮丽景物与运用比喻、夸张手法来表达内心真切感受，紧密融合。	从远处听，到转过山湾远望，再到瀑布脚下仰望，观察更细致，描写更具体；语言富有韵律和节奏美。
《望庐山瀑布》（第9册）		语言简洁，极富韵律。

4. 整合篇目的生熟

可以是新课文的整合，也可以是新课文与已读课文的整合。例如，在依据年段教学重点，指导研读第 7 册《海底世界》一文，着力领会主要部分内容大意、情感蕴含、表达特点后，启发学生再将该文与第 6 册《富饶的西沙群岛》进行比较阅读。于是，学生就会发现这两篇短文在内容与结构安排、重点部分的表达顺序与表达方法上的关联之处，进而发掘出已读课文在新的年段、新的群文组合中，所承载和发挥的新的读写示范，而不是基于原先认知层面的"炒剩饭"。

篇 目	关联之处	各自特点
《富饶的西沙群岛》（曾学课文）	①内容上，都是介绍大海优美景象的。 ②结构安排上，都是按照"总述→分述→总结"的方式连段成篇的。 ③重点（分述）部分，都是围绕一个核心意思（"富饶"或"景色奇异、物产丰富"），从不同方面进行具体、生动描述的。 ④具体描述时，都是将惊讶、喜悦、赞美之情自然地融于其中。	重点部分按照空间转换顺序（海面—海底—海滩—岛上），进行具体生动的描述。
《海底世界》（新学课文）		重点部分按照层层递进顺序（宁静黑暗却有无数光点闪烁—有声音—动物活动方式各样—植物繁多—矿藏丰富），进行具体生动的描写。

又如，先是引导学生依照"解诗题→诵诗句→知诗意→品诗理→悟诗法"的步骤，精读第 7 册《古诗三首（二）》一课中《题西林壁》这首诗。接着，激发学生重温第 3 册的《花影》，并按照前面的读诗步骤自主研读《惠崇春江晚景*》与《饮湖上初晴后雨*》两首诗。而后，借助整合比较，启迪学生发现和领悟诗人苏轼这组诗歌的主要表达特色。如此，既丰富了学生的获得，又为学生日后诵读他的"大江东去浪淘尽，千古风流人物"，"明月几时有，把酒问青天"，进而走近古代这位诗词散文大家，奠定了基础。

109

篇　目	诗歌主要特色
《花影》（第3册）	面对眼前所见的景象——不论是花、山，还是春江晚景、湖光山色，作者不重修饰：或直陈眼前所见，自然融情于内，如《花影》《惠崇春江晚景*》；或陈述后直发议论，借议论抒情说理，如《题西林壁》《饮湖上初晴后雨*》。
《题西林壁》（第7册）	
《惠崇春江晚景*》	
《饮湖上初晴后雨*》	

苏轼组诗欣赏：

重重叠叠上瑶台，几度呼童扫不开。刚被太阳收拾去，又教明月送将来。（《花影》）

横看成岭侧成峰，远近高低各不同。不识庐山真面目，只缘身在此山中。（《题西林壁》）

竹外桃花三两枝，春江水暖鸭先知。蒌蒿满地芦芽短，正是河豚欲上时。[《惠崇春江晚景（其一）》]

水光潋滟晴方好，山色空蒙雨亦奇。欲把西湖比西子，淡妆浓抹总相宜。（《饮湖上初晴后雨（其二）》）

5. 整合篇目的分担

不论出于教学目标预设还是自身肩负的引领作用等，选定整合教学篇目，教师确实要承担起主要职责。与此同时，还应热情激励学生参与到这项重要的准备活动中来。这样做，其意义或许更大。

如激发学生于借助《学习单》认真预习、充分自读课文的过程中，针对各自萌生的困惑与兴趣，汇集的领悟与联想，多方查阅有着某种关联因素的篇章，也包括自己或同伴的优秀习作，再通过赏析、比较，最终遴选出要和同学们一同分享的、用作与课文整合阅读的篇目。这既是师生双方必要的准备环节，更是发挥学生阅读潜能，培养学生独立阅读能力，提高学生包括欣赏、评价在内的整体语文素养的重要途径。

此外，把学生的优秀习作纳入整合教学篇目中来，学生的体会一定更深切，收获一定更多、更大，也一定会激发起学生更强的自豪感，更浓的读写实践兴趣。

（三）正确践行群文整合教学

群文整合教学，关键在于"整合"，优势也在于"整合"。怎样优化"整合"教学设计，又如何在群文整合教学中使学生学会"整合"研读？这直接关乎着群文整合教学的效果。

1. 关注学生整体预读

要启发学生，把整合教学的这组文章看作一个整体，进行精细的预习、自读，并逐渐形成学段要求的自我评价标准和良好阅读习惯。例如，能结合语境，学会生字新词；能熟读课文，整体感知或把握文本大意；能标画出文中重点句段，提出不懂的疑难问题；能结合阅读中的疑难问题以及感兴趣的内容，多方查阅和整理相关资料。

2. 循序引导整合研读

课堂上，是从群文整体入手，还是直奔其中的某个篇目？先指导重点研读哪一篇，又以什么问题作为引领研读、思考的核心问题？按照怎样的预设引导深入研读、精彩生成，又以什么问题作为关联，进而引出接下来要研读的其他文本？怎样把理解语言文字的蕴意、体会人物的思想情感、领悟作者的表达方法，与积累精彩的语段、掌握阅读的技能技巧等，自然连贯地融合起来？……这些都需要仔细推敲，统筹安排。

3. 加强群文关联比较

这是群文整合教学过程中的一个重要环节。实践中，既要关注群文的共同点，又不忽视它们各自的特点。而且，要善于启发学生借助比较阅读的方法，先引领学生异中求同，认识群文的共同点；再启迪学生同中求异，领悟并发现它们各自的特点。如此，最大限度地彰显"整合"的教学优势，为学生随后的独立阅读实践、有效语用练习，提供具体的方法支持。

4. 把语用习得落到实处

在群文整合教学中，需把指导理解语言与真正意义上的运用语言融合起来，尤其是应把引导领悟群文最突出的表达方法与尝试运用这种方法进行表达融合起来；以研读理解带动语用表达，又以语用表达促进学生对文本情意的深刻理解与感受。而且，要为学生提供充裕的随文练笔时间，展现"独自构思—真情表达—相互修改—指导例作—修正完善—朗读分享"的全过程。

例如，整合研读《山沟的孩子·冰激凌的眼泪》这组课文后，启迪学生完成如下书面练习（任选其一）：①摘抄群文中精彩段落，想象描述的情形，体会人物的情感。②读了这组课文，你一定有话想对大山深处的伙伴说，也肯定有话想对自己说，或对老师、父母说。就请你把想说的话写下来，同时注意正确使用学过的标点符号。整合阅读《小珊迪·真情的回报·爱+智慧=奇迹》这组文章后，激发学生完成如下练笔（任选其一）：①被马车轧成重伤的小珊迪是怎样嘱咐弟弟把钱交还给"我"的？结合课文内容写下自己的推想，注意学习前面对话描写的方式，正确运用冒号和引号。②读了这组文章，你有怎样的感受，又想到了什么？写下来，同时重视运用平时积累的语言材料，特别是那些有新鲜感的词句。

相信这样的摘抄型练笔、感受型练笔、想象型练笔、对话型练笔，在丰富和发展学生书面语言的同时，又定会促进学生进一步加深对文本的理解，升华情感认知，陶冶情操品性。

此外，通过践行群文整合教学，在提高语文教学效果的同时，一定会节省出50%甚至更多的语文教学课时。将节省出的这些课时用作什么？用作组织开展语文实践活动，如激励学生读整本的书，读课文的原著，读他们想读、爱读的书，而后引导撰写读书报告，定期召开读书报告会；用作组织开展跨学科的综合实践活动，加强语文、数学、科学、信息等学科技能在综合实践活动中的应用……这些实践内容与方式，将会在下一章做详细论述。

二、群文整合教学的根本前提

群文整合教学，这是一种突破传统的教学实践方式。而要确保并充分发挥这种教学方式的优势，就要求我们每一位语文任课教师，务必从平日做起，从根本抓起，并为此付出更大、更艰辛的努力。具体地说，那便是：

(一) 丰富储备并深入研读文本

实施群文整合教学，这对教师占有、储备资源的丰富程度，研读、把握文本的深刻程度，要求更高，任务更繁重。

单就研读与把握文本而言，这是教师每日必须修炼的功课：要求教师不但能"读进去"——知意、悟情、得理，并能从中发现一些他人至今没有发现的东西，进而挖掘出文本的新意，而且能"读出来"——准确领会文本抒情喻理的方式方法及表达效果；不但能清晰地归纳出群文在内容、体裁、主题、表达等方面的共同点，还能精准地掌握每篇文章于选材立意、布局谋篇、组句构段、遣词炼句等领域所各有的特点。唯有如此，教学才有可能走出"浅入浅出"或"浅入深出"的二三流课境，而进入"深入浅出"的一流境界。"己之昏昏"，却要"使人昭昭"，那是不可能的。

如组织研读第8册《果敢的判断》一文：在引导学生主要借助朗读，感受到小泽征尔得冠的原因后，教师顺势启发道："文中主人公又因何能够'不附和权威'，如此'相信自己'，并'敢于做出正确判断'呢？"在学生经历片刻的困顿后，教师提示学生认真读读讲述小泽征尔发愤学习、遍访世界音乐大师、形成自己精深音乐指挥造诣的文字资料……于是，学生既感受到了人物不附和权威，相信自己，敢于做出正确判断的品格，又进一步懂得了"不附和权威"不等于蔑视权威，"相信自己"不等于固执己见，"相信自己并敢于做出正确判断"必以丰富学识、精深造诣为基础的道理。

显然，学生之所以既读懂了文本字面之意，又领会到文字背后的深意，这是教师深掘文本德育价值、丰富相关资源储备的结果。

(二) 把握标准且认真分析学情

把握语文课程标准，明确学科总体目标及各学段目标，就掌控了阅读教学的大方向，以及各学段的具体要求与重点，就为"遵照'课标'组织教学，并加强学段间衔接"，提供了理据支持。只是由于课程标准仅明确到"学段目标",这便要求我们:须将学段目标与重点任务分解到各个学年,再将学年目标与重点任务分解到各个学期。

仅以小学第一、二学段为例:第一学段,阅读训练重点在词句。其中,一年级重点在词和单句,二年级重点在词语(短语)和句群(语段)。第二学段,阅读训练重点在句段。其中,三年级重点在语段和自然段,四年级重点在自然段和结构段(或称"大段""逻辑段")。明确了学段、年段及至每个学期的目标与重点,就为群文整合教学着眼于篇章,着手于选定适切的关联点,着力于开展有针对性的阅读、表达训练,指明了方向。

结合学生先行学习后的反馈信息,认真分析学情,进而全面且准确把握学生的已知和未知、已能和未能。这就为群文整合教学时,确定指导研读理解各单篇的着力点——是于"读进去"与"读出来"两个回合平均用力,还是把主要精力投入引导学生"读进去"上,或是在"读进去"方面少用一些时间,而把主要精力投放到引领学生"读出来"上,提供了确实的依据。

一旦把握住群文的关联点,明确了读写训练的重点及其着力点,群文整合教学的具体预设方案,也就形成了。

第三节 深层问题与改进方法

当前,"群文整合教学"方式正以它课堂阅读量大,有助于提高研读效果,强化学法应用,加强语用实践等优势,越来越引起小学语文教育工作者的重视,越来越成为小学语文学科有识之士践行"北京理念",落实"学科教学改进意见",变革传统课堂阅读教学的新常态。然而,一些深层的问题,也随之逐渐显露出来。

一、阅读篇目的整合点应更多元

精心选定阅读篇目，进而确定教学的着眼点与着力点，是践行"群文整合教学"方式的首要一环。时下，教师们在选定整合教学篇目时，更多的还仅是局限于篇目内容或主题之间的整合关联。

这种单是内容或主题相关联的群文整合教学，对于拓展学生阅读视野，丰厚学生相关信息，帮助学生解疑释惑，加深学生理解文本主旨，丰富学生情感体验，是有重要积极意义的。不过，它还只是最简单、最基本的群文整合方式。

如何让篇目的整合点变得多元起来呢？那就是在实践内容或主题相关联的群文整合教学的基础上，还需着力探索突出学科基本技能与核心素养，使教学更有针对性与实效性的整合方式。

比如，把读法关联的篇目整合，以此引导学生在群文整合阅读实践中，提炼与总结读法，强化并运用读法，进而逐步形成年级或学段所要求的阅读技能与习惯；把写法关联的篇目整合，以此启迪学生借助比较——异中求同、同中求异，进而在理解句段篇章内容、体会人物思想情感的同时，发现与领悟该年段本应了解和学习的语用表达方法；把体裁关联的篇目整合，以此引导学生在同一题材而不同体裁（或同一体裁却不同题材）的整合阅读实践中，增强阅读本领，感悟常见体裁的主要特点与表达效果；把同一作者（或不同作者）语言特色关联的篇目整合，以此引导学生在研读语言特色相同或迥异的篇目中，于领会作者思想感情、语言特点的同时，丰富和积累有特色的语言，不断提高语感。

当然，更应该大胆尝试于内容或主题相关联的群文整合教学实践中，于最大限度地拓展学生阅读视野、加深学生情感体验的同时，让学生在掌握读法、领悟写法、感悟体裁表达效果、领会作者语言特色等诸方面，有更多的阅读收获。以此，进一步凸显这种教学方式的优势与效益。

例如，在将第7册教材第1单元中《故乡是北京》《我爱家乡的柿子》这两篇精读课文，和与教材配套的第7册《语文读本》第2单元内的《海滨小城**》一文，进行整合教学时：由于这组文章内容浅显易懂，因此整合教学过程中，就可以引导学生在把握文本主要内容及表达的核心情感基础上，侧重从写法关联的角度，借助有感情地朗读、对比朗读等手段，着重领会作者依据表达的实际需要，灵活确定文章体裁的方法，抒发内心思想感情的方法，描写景物和记叙事件的方法。

文章篇目	主要共同点	各自主要的表达特点
《故乡是北京》	①以热爱和赞美家乡为情感主题。②把描写与抒情相结合。	①采取诗歌体裁，直接抒发热爱故乡北京的深厚感情。②将南北西东、各处名城与北京做对比；以"不说……只看（单想）……"的方式，既赞美故乡享誉全国乃至世界闻名的人文景观，又突出易被忽略、却无不凝聚故乡特色的事物。
《我爱家乡的柿子》		①采用记叙的文体，融情于描景和叙事之中。②以赞美家乡的柿子，即通过描写柿树开花、坐果、丰收的景象美，以及记述伙伴们采摘、品尝柿子时的无限乐趣，来表达热爱家乡的思想感情。
《海滨小城**》		①通篇写景，融情于描写景物之中。②通过有序且具体描写"海滨（海面→海滩）"和"小城（庭院→花园→街道）"的美丽景色，来表现对家乡的热爱之情。

这样，既突出了教学的重点难点，也为激发学生拿起笔来真情赞美家乡，提供了必要的帮助。

二、课堂结构的编排设计需更灵活

用心设计顺畅、紧凑且灵活的课堂教学结构，是群文整合教学实践中又一至关重要的环节。时下，教师们采取的，多是如下的课堂教学结构模式①："整体感知群文大意（10′）→分篇研读理解领会（20′）→比较群文同异之妙（5′）→运用所学随堂练笔（或修改预作）（10′）"。这种教学结构，充分发挥了群文整体效益，注重启发学生从读中悟写，并将读与写这两项重要的语文基本训练紧密结合起来。然而需要指出的是，课堂教学结构不应如此单调；更加灵活并富有实效的群文整合教学结构，也绝非单是这一种模式。

那么，怎样不断地创新结构设计呢？这便要求我们，务须认真考虑篇目的长短难易，并依据教学目标、学生自读程度，尽可能多地设想几种教学结构模式，以便从中进行筛选、优选。

比如，针对群文中重点研读文目篇幅长、理解难度大的特点，教学时就可以采取下面的教学结构："指导研读重点篇目（15′）→辅助自学其他篇目（15′）→（借助整合比较）帮助总结读写规律（5′）→激发随堂真情练笔（或完善预作）（10′）"。针对学生预习充分、自读质量较高的实际情况，教学时又可采取如下的教学结构："组织交流自读成果（20′）→引导提炼读写方法（10′）→引领强化读写实践（10′）→启迪总结学习收获（5′）"。

此外，为调动学生主动阅读的积极性，努力发挥学生的阅读潜能，在布置学生认真研读重点篇目，广泛查阅并充分预习相关自读篇目的前提下，课堂上还可以采取这样的教学结构："指引研读重点篇目（10′）→分享自读篇目收获（15′）→（通过整合比较）引导发现读写方法（10′）→激励随文语用实践（或修正预作）（10′）"。总之，课堂教学结构要有模式，但不该模式化。文本的特点、学生的自学程度、预设的达成目标，应是设计、选择和最终确定课堂教学结构的基本参数。

例如，在把第7册语文教材第1单元中的精读课文《可贵的沉默》，与配套的第7册《语文读本》第1单元里的《幸运饺子[**]》以及人教版

---

① 依据《北京市实施教育部〈义务教育课程设置实验方案〉的课程计划（修订）》，每学时平均按45分钟设计。

语文教材第4册内的《三个儿子**》，进行整合教学时：由于这组文章中的后两篇内容相对浅显，因此就可以采用由"分→合"、从"引领研读精读篇目（25′）→激励自读略读篇目（10′）→总结升华和语用表达（10′）"的结构方式。

文章篇目	主要共同点	各自主要的表达特点
《可贵的沉默》	①以"小事情"，表现"大话题"：每个人从小起，不仅会感受爱，还要懂得并能表达爱、付出爱。②按事情发展顺序，记述事件，连段成篇。	①以课堂上由"热闹"到"沉默"的具体情形对比，突显孩子们从"兴奋"到"不安"的心理活动。②借家长会上爸爸妈妈们激动的言语表现，从侧面反映孩子们从只会"感受爱"到学会"表达爱"的喜人变化。
《幸运饺子**》		①以详细记叙饭桌上"幸运饺子"被反复传来传去的感人情形，表现全家每个人都盼望把吉祥和祝福带给对方的真诚愿望。②以穿插描写"我"前后的言行心理变化，来反映主人公的可喜进步。
《三个儿子**》		以一段简明的故事情节，两组简短的人物对话，三个孩子具体的行为比较，颂扬一种优秀的传统美德——懂得孝敬父母的儿子才是真正的儿子，懂得孝敬父母的儿女才是真正的儿女。

即，于布置学生认真预读这组文章，主动生成并提出疑难问题的基础上：首先引导学生抓住"孩子们因何'沉默'"，"'沉默'时他们会想些什么"，"他们的'沉默'为什么是可贵的"这个"问题链"，认真研读《可贵的沉默》一文——通过有感情地朗读、进入角色推想等途径，感受孩子们的可爱表现，领会文本中蕴含的情与理，领悟课文以描写言行神态表现孩子们心理活动及变化的表达方法。而后，鼓励学生循着前面的阅读要领，独自研读《幸运饺子》和《三个儿子》两篇文章，并交流自读后的新感受、新发现。然后，回到这组文章的整体上来，启迪学生通过整合比较，了解它们的关联之处及其各自的表达特点；激发学生积极行动起来，以实际言行等多种形式向亲人表达自己的爱心。

这样，融学法指导于群文整合教学之中，学生既充分锻炼了自读能力，尽情汲取了表达的营养，有效发展了书面语言，又自然地受到了热爱亲人、用行动孝敬长辈的传统美德教育。

三、有效研读的教学方式要更优化

有效教学，是铸就精彩课堂的基本要求。否则，课堂教学就是过程性、演示性的，是耗时又徒劳的，是戕害学生心灵与生命的。而时下的群文整合教学课堂，尤其是"指导重点研读"环节，零起点的教学组织方式依然屡见不鲜；不择重点、平均用力、串问串读的现象还时有发生。

那么，又该如何改变这种状况呢？小学中高年级不同于起始年级，学生已经具备了初步或相当强的自读能力。更何况，群文整合教学，是一定要建立在学生充分预习有关篇目，认真自学文中生字新词，朗读并熟读全文，借助课后阅读提示、联系上下文并结合生活实际，独自深入研读理解，针对阅读中的疑难问题与个人的关注点，广泛查阅相关资料，自我解疑释惑，且不断生成新的疑问基础上的。这是实践群文整合教学的需要，更是发挥学生主动性和创造性，培养学生独立阅读能力和良好自读习惯，促进学生全面发展和终身发展的需要。

明确了改进的方向，也就有了具体的创新实践措施。那便是在课堂上，特别是在"指导重点研读"的环节中，为确保并最大限度地提高教学的有效性，于借助反馈环节，准确检验并全面了解学生已知、已能的前提下，就需要我们引领着学生：直向他们的核心问题，直奔文本的重点部分；依着"学习单"或"导读单"，借助有感情且形式多样的朗读，有目的且有选择的补充读、对比读，有重点且有依据的联想和想象，更正原有认知偏差，加深理解与领会；继而，再带着新的认识与感受，修正和丰富"学习单"或"导读单"中的内容。

总而言之，必须以学生为中心，而不应以教师为本位；必须以扶助学生解决自读中的困惑，矫正并提高认识，进而提升自读能力为要务，而不应以机械执行教案预设为使命，无视学生的已知和已能，一味地带领学生去经历教师自己研读认知的全过程。

例如，对于第7册语文教材第3单元中的两篇精读课文《海底世界》《五彩池》与那篇略读课文《美丽的三潭印月*》来说：凭着四年级学生已具有的阅读能力及认识水平，他们通过课前的充分预习，肯定能读懂这组文章所描写的内容，能领会到作者所表达出的思想感情，能比较准确地回答课后提出的于理解内容、体会情感方面的问题。

因此，在整合教学这组写景的课文时，就可以针对具体学情和学段目标，把重点放在循序引导学生发现和领会作品承载内容、情感的表达方法与表达效果上，具体包括——文中精彩且典型自然段的表达顺序、方法与效果；全文重点部分的表达顺序、方法与效果；3篇文章在连段成篇方式、抒发情感方法上的相同之处与表达效果。

文章篇目	主要共同点	各自主要的表达特点
《海底世界》	①以开合有序的结构、优美生动的语言，主要描写大自然（或人文景观）美丽奇异的景象。②融情于景，与结尾直接抒发内心喜悦与赞美之情相结合。	①全文按"先'问'后'答'"方式组织材料。②"答"的部分则按照"从分述到总结"的顺序进行具体描述。当中，最精彩的记述海底动物活动方法的第4自然段，则是按照"先总述后分述"，分述时又采取快与慢、后退与前进、不动与动层层对比的方法具体介绍。③在具体讲述海底世界这部分中，作者将景色奇异、物产丰富两方面特点融合起来，进行有声有色的述说。
《五彩池》		①全文按"先总述再分述后总结"方式连段成篇。②"分述"部分则按照递进层次（水池美→池水最美）进行具体描述。其中，写水池美的第2自然段则是采取不同方面顺序（水池多→大大小小且玲珑多姿）进行惟妙惟肖的描绘；写池水美的第3自然段则是采用"先概括后具体"、"具体"部分又遵循"先结果后原因"的次序进行细致入微的描写。
《美丽的三潭印月*》		①全文采取"先总述后分述"的篇式结构。②每个"分述"部分，又都采用"先'问'后'答'"的手法，并将介绍"小岛"和小岛名称的由来，与描述石塔的样子和中秋节"三潭印月"的景象，紧密结合起来。

这样，着眼于学生的困惑，着力于教学的重点难点，因而教学便会格外的富有实效。这也进一步提示我们：学生的困惑之处才是教学的重点难点，着力于重点难点的教学方式才是优化的努力方向。

四、言义兼得的实操技艺该更扎实

阅读教学肩负着培养阅读能力和良好阅读习惯，发展思维，渗透社会主义核心价值观，陶冶情操，丰富语言，增强语感，带动表达等多项重要任务。正因如此，我们才强调并致力于让学生在阅读中，不仅要得"义"——理解内容、体会情感、知晓事理，还要得"言"——领悟方法、积累语言、练习语用，把学科的工具性与人文性统合为一，最大限度地提高阅读教学效益。

只是时下的群文整合教学，于关乎学科核心素养的得"言"方面——从确立"教学指导思想"，到分析"教学内容与学生情况"；从确定"教学目标及重点难点"，到设计并实施"教学过程"；从制订"学习效果评价量规"，到反思"教学的得与失"——关注与体现得还很不够。

单就教学技术层面讲，问题主要表现在：不能正确判断和体现指导研读理解的重点，即对于得"义"与得"言"两个方面，还不能合理分配教学时间与精力，重"义"轻"言"的现象严重；不能准确把握文本中，学生于所处年段以及表达所需而应重点掌握或领悟的言语方法知识，随心所欲的现象严重；不能确当引导学生在感受文本情义的同时无痕地得"言"，又以得"言"环节促进学生更精彩地获"义"，"言"与"义"游离两分的现象严重；随文练笔的目的、时机、形式有失精当，加之缺少练笔时间及修改完善过程，导致练笔环节无助于学生对文本的深刻感受及语用技能的发展，过场性的、为练笔而练笔的现象严重。

针对如上问题，这就需要我们：进一步增强阅读教学中务使学生"言义兼得"的意识；尽快掌握引领学生习得语用方法、增强语用能力的技术要领。依据文本内容、体裁特点、具体学情，精准把握和突出研读理解的重点——到底是文本的内容、含义与表达的情感，还是承载内容、情感的表达方式与表达效果。着力指引学生在理解内容、咀嚼含义、体会情感的过程中，自然无痕地领会作者的表达方法与表达效果；又借助有表达方法支持、有时间保障的随文练笔，促进学生更加深切地理解文本内容、含义与表达的思想情感……最终实现"义"与"言"两者间相互带动、促进的理想教学愿景。

例如，整合教学第7册语文教材第2单元《古诗三首（一）》一课中的三首古诗《山中送别》《赠汪伦》《九月九日忆山东兄弟》时，就可以在学生结合课后要求与提示，充分自学与深度互助的基础上：首先，依照"解诗题→诵诗句→讲诗意→品诗情→悟诗法"的步骤，搭建展示平台，激发并组织学生放胆展现《山中送别》一诗的精彩诵读及其个人的理解领会，适时点拨其间出现的问题与认识偏差。随后，启发学生回顾和强化前面的学诗步骤及要领，并激励学生按照这个步骤，在小组内与同伴尽情交流后两首诗的自学成果，且推选优秀代表与全体同学分享。而后，引领学生回到这三首诗的整体上来——借助有感情地朗读，外化从中体会到的思想感情，内化和积累诗篇；借助比较，领会这组诗歌在内容、情感以及抒情方法三个方面的同异之处。最后，鼓励学生默写这三首古诗，还可以借鉴诗人的表达方法，创编一首小诗，来表现同学之间的真挚情意。

古诗题目	主要共同点	各自主要的表达特点
《山中送别》	①第一、二首是送别诗，一、三首为同一作者所作。②都表达了深厚的友情或深沉的思乡之情。	融情于叙事和描写之中。即，以记述相送时间之久，以及描写刚刚分别就盼望再次相见的心理，来表现作者与友人的深厚感情。
《赠汪伦》		先叙事，后直接抒情。即，以景作比，并且极尽夸张——"桃花潭水纵然再深，也难比友人与我的情意深"。
《九月九日忆山东兄弟》		直接抒情与记事融情相结合。即，开篇便直接倾吐内心强烈的思乡之情，再以"遥想登高、独缺自己"一事做进一步补充。

这样，在依"法"导学、用"法"自学的历练中，在朗读理解、领会发现、语用表达的实践中，学生不但得"义"获"言"，而且得"法"获"能"。

五、创新实践的主动性还应再增强

"群文整合教学"的优势是显而易见无须争辩的。这种教学方式也的确越来越受到同人们的认可与重视，越来越成为学科急先锋们改革传统课堂阅读教学的新常态。然而目前，它还没有成为整个小学课堂阅读教学的常态；其秉承的教学理念，还没有转化为所有小学语文任课教师每日里自觉、主动的课堂实践行为。

这种现象背后的原因，肯定是多方面的。一定有业务部门研究、指导、推进不力的缘故；也会有教师因不入法门，而心存畏惧、彷徨不前的可能；还会有任课教师理解新事物、接受新理念、实践新方法的态度问题。

对于区县、学校两级的业务指导者来讲：从面向全体任课教师的专题辅导、理论指引、示范课观摩，到深入课堂帮助每位教师深刻反思、修正设计、创新实践；从中心教研组研究骨干范围内的专题说课、经验总结，再到面向全体任课教师的专题实践经验交流、推广——教学研修工作还需更加耐心、深入，进而帮助每一位学科任课教师将专题理念入脑入心，化专题要领为每日里自觉、主动的教学实践行动。

对于每一名小学语文任课教师来说：从多年来习惯于单篇教学，到群文整合教学，这确是一种不寻常的压力和挑战。人们说：有压力才有动力，面对挑战唯有主动应战，狭路相逢勇者胜。因此，希望也深信每一位热爱语文教育的同事：勇敢接受这一新事物、新理念、新方法；在大胆实践、锐意创新的课改路上，去不断丰富源于实践后的深切感受，去不断总结属于自己的真知灼见，去尽享不断提高课堂教学实效，不断提升育人质量而带给自己的快乐。

就说第 7 册语文教材第 4 单元，当中选编的是一组记述动物的文章，分别为《麻雀》《自然界之道》《神奇的鸟岛》《大象"醉酒"*》。其中，《神奇的鸟岛》一课以鸟多、欢乐并且融洽，遇敌害来犯又会团结起来、共同抗敌的神奇景象，着力展现动物是可爱的；《麻雀》一文以老麻雀面对庞大凶残的猎狗，奋不顾身地从树上飞下来保护幼子的感人场景，突出表现动物是可敬的；而《自然界之道》这篇课文则以一段亲身经历的出于好心却办了错事的故事，主要告诉世人保护动物要遵从自然界的规律。对于这几篇文章，我们当然可以采取传统的、惯用的单篇教学方式。然而，也完全可以把它们作为一个有机的整体，进行整合导读。

文章篇目	情感主题的关联	各自主要的表达特点
《神奇的鸟岛》	动物是可爱的，可敬的；而保护动物又要遵从自然界规律，不能好心办错事。	以鸟多、欢乐并且融洽，遇敌害来犯又会团结起来、共同抗敌这两种既密切关联又截然不同的神奇景象，来展现动物的可爱。
《麻雀》		以老麻雀面对庞大凶残的猎狗，奋不顾身地从树上飞下来保护幼子的感人场景，来突出动物的可敬。
《自然界之道》		以一段亲身经历的出于好心却办了错事的故事，告诉世人保护动物要遵从自然界的规律。

这样做，教学效果肯定更好，一定有助于学生把握这组课文于情感主题方面的紧密联系，领悟它们于表达方面的特点及效果。

第四章

整本书阅读课程建设

儿童的先天智力,总的说是没有多少差距的,或说基本上是处于同一水平层面的。可为什么随着年龄的增长,孩子之间逐渐有了差距呢?为什么不少的学生,他们的学习热情与思维品质、认知水平与发展潜质(这里指的当然不是他们某一两次的书面检测成绩),被其他同龄的伙伴落下了呢?当中的原因一定是多方面的。那么这最主要、最直接的原因又是什么呢?我想,还是因为他们亲近书籍的程度不同,阅读量与阅读面、阅读兴趣与阅读习惯不同所致,特别是与他们有没有阅读整本的书、阅读一本本书的难忘经历成正相关。

不管是以一篇选文带动阅读多个段篇,还是群文阅读、主题阅读、专题阅读等,它们比起整本书的阅读来,大都还属于碎片化的;阅读的效益以及对学生的影响,是远不能与系统的整本书阅读相比的。换言之,那些碎片化的阅读,也只是引领学生通向自主阅读、广泛阅读,阅读整本书、阅读一本本书的过渡与技能支持。

第一节 为何要特别重视整本书阅读

广泛阅读,尤其是整本书的阅读,对学生提升学科素养、弥补生活经验、启迪思维智力、实现自我教育、促进全面发展和终身发展,以及对学校提高教育质量、突显办学特色、打造地区名校、扩大社会影响，均有着极其重大的意义。因此可以说，学校乃至每一位学科任课教师，对于学生整本书阅读这件事，不论怎样高度的重视与投入，也不过分。叶圣陶先生早在20世纪40年代初期，就在《论中学国文课程标准的修订》一文中指出："现在国文教材似乎该用整本的书，而不该用单篇短章……退一步说，也该把整本的书作主体，把单篇短章作辅佐。"他又强调：要学生"养成读书的习惯，不教他们读整本的书，那习惯怎么养得成？"对此，朱自清先生也曾说："读书若只读选本，只算是陋人而不是学人。"他们讲得多好啊！

1. 发展综合素养的重要途径

毋庸置疑，学生获得的各门各类知识和说写表达营养，80%~90%来自大量的阅读。仅凭每学期课本中那一二百页内容、二三十篇短章，是远不能满足学生发展需求的，他们无论如何也是学不好语文的。必须尽早且有效地把学生引向自主、广泛的阅读中去，引向整本书阅读中去，并使它成为一种持久性的常态。因为书中有足够丰富的知识信息、精彩的语言材料，以及它所承载的饱含美的情节内容。

2. 补充生活经验的主要来源

直接的生活经历与体验，是学生认识客观世界，锻炼实践能力，助力他们健康、茁壮成长的根基，当然也是他们学习观察思考、练习说写表达的必要条件。然而事实上，学生（特别是如今的孩子）不可能事事亲力亲为。而广泛阅读，尤其是整本书阅读，恰恰能够弥补他们于此方面的严重缺失。只要有书读并且爱读书，再偏远的环境也不闭塞，再平静的生活也不乏味，再简陋的条件也不缺少最优质的学习资源。

3. 对发展思维起着特殊的作用

大量的阅读，能够启迪人的思维，开发人的智力。"学生阅读的材料越多，思维就越深、越活。""谁不善于阅读，他就不善于思维。"为什么有些学生在童年时期聪明伶俐、理解力强、乐学好问，而到了少年时期却智力发展趋缓，对知识态度冷淡，头脑不够灵活了呢？就是因为他不重视阅读。与单篇选文相比，整本书的篇幅更长，线索更复杂，意蕴更丰富，更有助于学生思维能力的锻炼与思维品质的形成。

4. 指引自我教育的有效路径

教育的重要使命，或说教育的最高境界，是指引学生学会自我教育。而学生的自我教育又多是从阅读一本或一本本好书开始的。因为学生阅读一本或一本本好书的过程，就是不断发现美、感受美、鉴赏美的过程。在这一真正意义上的"悦读"过程中，学生不但活跃了思想，丰富了情感，还一定会于内心深处播下求真、向善、尚美的种子。更何况，童年阅读的书籍可以让他们铭记一辈子，影响他们一生的发展。正因如此，有人才讲："如果少年的精神生活里只有上课、听讲和单单为了识记而死抠书本（课本），那么这种自我衡量、自我认识就是不可能的。"

5. 减轻课业负担的最佳手段

除教科书以外什么书也不读的学生，在课堂上掌握的知识就一定非常浅显，就必然会把由此形成的负担转嫁到课后作业上去；由于课后作业负担重，他就势必失去了自主阅读的时间。这样就形成了一个恶性的循环圈。学生一旦深陷这个循环圈，就是很被动的。而广泛的自主阅读、整本书阅读，就能帮助学生轻松且迅疾地跳出这个被动的循环圈。

6. 转变班级学困生的首要方法

班内的学困生越多，基础越薄，学习越吃力，习作中遇到的困难越多，越厌恶学习，就越是要在激励和组织他们自主查漏补缺的同时，指引他们多阅读。引导学生多阅读、爱阅读、迷上阅读、喜欢读整本的书，这是辅导和转化学困生的首要方法。不要单纯地靠补课，也不要一味地靠没完没了的"拉一把"，而主要应靠阅读、阅读、再阅读。因为这一点在他们的学习过程中，起着决定性的作用。

总之，少儿时代能否形成浓厚的读书兴趣，养成良好的读书习惯，是学生人生中的大事，关乎着他们终身的发展与作为。因此，各学科教师、特别是我们的语文教师，务必设法通过各种有效方式，尽早把学生引向广泛阅读的发展之路上去，激发他们多读书、好读书，最大限度地扩大阅读面，增加阅读量，提高阅读品位。这是教师的责任，也是学校教育永葆生机和辉煌的重要举措。

　　以往的经验告诉我们，今后的实践还将进一步证明：引导学生亲近书籍、热爱阅读、博览群书，这是一条最便捷、最能面向全体、最有助于他们全面发展的多快好省之路；学校最大的、最突出的办学特色，当是读书的特色。教师只要能把学生引领到多读书、好读书、乐读书的方面上去，使他们尽快形成读好书、读整本书、读一本本书的意志品格，偏远地区的娃娃就一定不会逊色于城镇的孩子，农村的语文教育也一定会呈现出同样的精彩。

第二节　怎样把整本书阅读引向深入

　　单说语文学科，从低年级起，从教学汉语拼音、识字写字开始，就把教材中的每课书和与之匹配的《语文读本》《诵读》课本以及其他教材版本中相同主题、相关题材的文章，连同各类书报杂志上的有关作品捆绑起来，切实用好师生手头上拥有的、凡能查阅到的各种资料，积极践行"群文阅读""主题阅读""专题阅读"等教学方式，以课内带课外，以教读带自读，以精读带泛读，以学习一课一文带动阅读一组相关主题或议题的其他文章，并完成有重点、有针对性的练习。如此，最大限度地丰富学生的阅读量，提高课堂教学效益。然而，这仅是过渡性的起步阶段，只是迈出指引学生广泛阅读的一小步。

　　为把学生引向更加广阔、自主且系统的阅读天地，接下来还须增强课程意识，把建立于广泛阅读基础上的整本书阅读，作为一项重要教学内容纳入校本课程，列入课表，进而形成"选文"与"整本书"并行的新的教材体系与教学常态——这是语文课程改革实验的大方向。这样，培育学生爱读书、乐读书的激情，培养学生自愿读书、自觉读书的习惯，指引学生最终走上自我教育、全面发展之路上去。需要强调指出：既然要把整本书阅读纳入课程，那它就不再只是一般意义的、重视程度可深可浅的课外阅读。

一、加强顶层规划设计

凡事预则立，不预则废。推进整本书阅读一事，同样如此。为将这项关乎学生长远发展的读书要务落到实处，确保活动开展得轰轰烈烈又扎扎实实，学校、学（年）段教研组以及每一位任课教师，仅是添置图书、创设温馨的阅读环境、营造浓郁的悦读氛围是不够的——还需分工负责，进行更加细致的整体谋划。

（一）学校要制订自读书目整体规划

即，学校要结合学科课程标准、所用教材选文编排序列、中华民族传统节日、国家重大庆祝与纪念活动、具体校情学情、办学特色指向等因素，及时制订并不断完善和更新《学校自读书目整体规划》。这个"规划"，可以只列出推荐阅读或供选读的书目，最好是能确定出各学段的必读书目、重点选读书目，以此引领学生拥抱人生必读的经典和精品，也为本校各年级开展经典阅读、精品共读活动指引明确方向。

制订《学校自读书目整体规划》时，单是针对不同学段学生的认知特点，一般地说：低年级当以浅近且情节生动的绘本，以及图文并茂的童话、寓言、故事类注音读物为主；中年级应以叙事性作品为主，如神话传说、人物传记、历史故事等；高年级该以文学类、信息类读物为主，如小说、剧本、诗歌、科普、科幻、科学常识等。当然，学校根据自身文化创建重点以及准备开展的重大主题综合实践活动，在兼顾各学段主要阅读内容的同时，还可有所侧重。

其中，对于"规划"中确定的必读书目、重点选读书目，在把握其思想性、可读性的前提下——要注意选取学生既读得懂又尽可能贴近原著的改编版本来读，以便让他们最近距离地品读原作的原汁原味；要格外重视引领学生首选中国的经典，包括中国优秀传统文化经典、中国历史经典、中国文学经典等，尤其是新中国的红色经典，以便让学生更多地感受祖国的灿烂文化和新中国的辉煌历程。为此，就要求"规划"的制订者，首先要结合自身的阅读体验，还要多方征求其他广大教师及其学生读者的意见。凡教师本人没有读过的，没能真正拨动自己心弦的书目，都要慎重推荐学生阅读，尤其是对共读书籍。

  时下见到的几例《学校自读书目整体规划》，制订者是非常尽心和精心的，既考虑到不同学段的学生特点，又顾及各学段学生阅读内容的多样性和丰富性。当然，问题也是不少的，或说是比较严重的。首先是"规划"中罗列的书目过多，因而便失去了它应有的引领作用。再者，所选的国外书目偏多，也偏烂，弱化了祖国优秀传统文化经典以及新中国红色经典的主体地位。还有，各学段所选书目没能关照国家重要传统节日及重大庆祝或纪念活动，未能与所用教材中的重要选文形成延展性衔接……这将直接影响校内外的主题综合实践活动的效果。此外，前后学段开列的书目之间也缺少必要的内在联系，这又将导致学生难于某个方面或领域，形成较为系统的学识。

  怎样让《学校自读书目整体规划》更完善些呢？下面这个依据学段目标与学生特点，结合所用北京市义务教育课程改革实验语文教材中的选文序列，同时考虑中华民族传统节日，又顾及国家重大庆祝与纪念活动，而制订的精品共读与重点选读书目列表，会给我们多方的借鉴。

第四章　整本书阅读课程建设

学期	第一学期（9月至新年2月）				第二学期（3月至8月）			
国家重大节日活动	抗战胜利纪念日—教师节—国庆节—中秋节—重阳节—南京大屠杀死难者国家公祭日—元旦节—除夕—元宵节				妇女节—植树节—清明节—航天日—劳动节—母亲节—端午节—儿童节—父亲节—建党节—建军节			
年级	教材重要选文	共读书目	选读书目		教材重要选文	共读书目	选读书目	
一年级	《上对下》《多对少》《老山羊当医生》《小老虎和狗妈妈》《遥控星星》	①《笠翁对韵》（背诵）	①《三毛流浪记》（绘本）②《十兄弟》（绘本）		《古诗二首》《小树的梦》《房顶上的大磨菇》《小牛站起来了》	①《千字文·三字经·弟子规》（背诵）	①《宝葫芦的秘密》（图文版）②《小猪唏哩呼噜》（绘本）	
二年级	《王冕学画》《狐狸和乌鸦》《美丽的公鸡》《大自然的语言》《它们怎样睡觉》	①《千家诗》②《青青最美中国童话——传统节日篇》	①《格林童话》②《天方夜谭》		《数星星的孩子》《滴水穿石》《动物时装表演》《骆驼和羊》《亡羊补牢》《女娲补天》	①《中国神话故事》②《中国寓言故事大全》	①《安徒生童话》②《木偶奇遇记》	
三年级	《中国娃》《称象》《账单》《寓言二则》《论语二则》《羿射九日》《我想发明》	①《雷锋的故事》②《中国孩子的梦》（合应）	①《论语故事》②《成语故事》③《十万个为什么》（叶永烈）		《七颗钻石》《小蝴蝶花》《鹅》《古人论学习》《夸父追日*》《探索者1号》	①沈石溪动物小说系列②《爱的教育》	①《孔子的故事》②《少年音乐美术故事》（丰子恺）③《古希腊神话故事》	

131

续表

学期	年级	第一学期（9月至新年2月）		第二学期（3月至8月）	
		教材重要选文	共读书目	选读书目	教材重要选文	共读书目	选读书目
四年级	《祖国的好山河寸土不让》《围魏救赵*》《给予树》《爱因斯坦与小姑娘*》《自然界之道》	①《上下五千年》《三十六计》（曹余章）②③《诺贝尔奖获得者与儿童的对话》	①《小英雄雨来》②曹文轩系列小说③《儿童科幻小学选》	《龙》《西门豹》《马背上的小红军》《七律·长征》《一夜的工作》《在大海中永生*》《小珊迪》	①《地球上的红飘带》②《大地的儿子——周恩来的故事》（苏叔阳著）③《把一切献给党》（吴运铎）	①《邓小平的故事》②《闪闪的红星》③《小兵张嘎》
五年级	《我们爱你，中国》《京剧《赤桑镇*》选段》《猴王出世*》《军神》《童存瑞堡》《蝉》	①《西游记》②《钢铁是怎样炼成的》③《昆虫记》	①《中华民族英雄》（安作璋）②《聊斋志异》③《居里夫人的故事》	《在炮兵阵地上》《木笛》《圆明园的毁灭》《三字经》节选》《景阳冈武松打虎*》	①《红岩》②《毛泽东与十大元帅》（李智舜）③《世界上下五千年》	①《武松传》②《潘家诤院士科幻作品集》（4本）③《假如给我三天光明》
六年级	《开国大典*》《钱学森归来》《迎来春色换人间》《孔明借箭*》《将相和》	①《一代巨人毛泽东》（侯树栋）②《三国演义》③《史记》（少儿版）	①《历代爱国主义英杰故事》②《中国读本》（苏叔阳）③《讲给孩子的中国地理》	《毛泽东诗二首》《争画*》《母亲的纯净水》《詹天佑》《我的伯父鲁迅先生*》	①《毛泽东诗词》②《科学家故事100个》（叶永烈）③《科学五千年》（田丽君）	①《儒林外史》②《名人传》（罗曼·罗兰）③《我要做好孩子》

很显然，这是一份上乘的阅读书目规划。通观"规划"中所列书目：既顾及各年段的学生特点，又关注他们阅读内容的多样性与丰富性；既明确了师生共读的书目，又为学生提供了主要选读的空间；既突出了民族传统文化经典和新中国红色经典的主体地位，又不拒绝国外精品著作；既呼应国家重要传统节日以及重大庆祝或纪念活动，又照应所用教材中的重要选文，并于诗歌、叙事性作品、小说、科幻科普读物等方面，形成前后有序的进阶式联系。因此，它会更好地助力实现课内外的紧密融通，课程边界的自然穿越，最大幅度地提高主题综合实践活动的效果，为每个学生的全面发展和终身发展打下坚实基础。

（二）学（年）段教研组需编拟自读方案

即，学段或年段教研组需依据《学校自读书目整体规划》及其所要阅读的其他书目，按时编拟《学（年）段自读课程方案》，以便据此有序且有效地组织开展自读系列活动。

这个"方案"既应包含本学（年）段学生自读的预期目标，各学期学生共读书目、自主选读书目，又应具有较为详尽的阅读进度要求、方法指导、成果展示、效果评定方式等安排。

于此基础上，各教学班还应结合《学（年）段自读课程方案》，编订《班级学年（期）自读课程方案》。如许，确保班级自读活动有计划、有重点、有指导、有评定，学生有丰富的实际获得。

（三）学生应有个人学年（期）自读计划

为更加有效地把学生引向广泛而深入的自主阅读之路，引入好读书、读整本书、读一本本书的自我教育和自我发展之路，教师还应激发并引导学生结合《班级学年（期）自读课程方案》，以及他们想读、爱读的其他书目，编写《个人学年（期）自读计划》，如本学年（期）要必读哪些书目，选读哪些书目，哪些书目要放到哪个学期或假期中去读，每天要读多少内容、读多长时间等。

对于学生编写的《个人学年（期）自读计划》，教师需少限定、忌强迫，重激励、多提示。这样，让学生的这个"自读计划"去鞭策和敦促他们，不论课余还是校外，挤时间阅读，有时间就读，时时以书为伴，争取每天自主阅读时间不少于30分钟。

当然，学校以及每一位任课教师，尤其是语文教育工作者，要竭力通过提高课堂教学效率、提升基础课程效益，尽可能多地为学生提供在校阅读、在课堂中自主阅读的时间。

二、重视阅读过程扶助

纳入课程范畴的整本书阅读，是有明确目标追求的，是与学生的消遣性阅读不同的。为此，教师要做教学层面的必要扶助。即，要依据所读书籍的具体特点、目标指向，以及培养阅读方法与能力、阅读品质与习惯等方面的实际需求，给予学生必要的帮助，以确保他们不仅能够读进去、读下去，而且读得好、收获大。

（一）关注读前预备性引导

总的说，对学生读前的预备性引导，当以激发阅读欲望、指引阅读方法为重点，并将两者紧密地融合起来。这样，让学生既萌生高昂的阅读热情，又了解并不断强化那些本应掌握的基本读书方法；使他们既想读、迫切地读，又能读、正确地读。

单是在读书方法方面，既需指引学生关注所读书籍的题目、作（译）者、前言、目录、后记、社会影响、读者反响等，继而带着"一探究竟"的热切期待捧书详读，进而把握阅读整本书的一般程序性方法；又应依据学段目标、具体学情，给予他们必要且有针对性的阅读技术性方法支持，特别是要重视启迪学生把研读"选文"时获取的方法，及时运用到"整本书"的阅读实践中来。具体地说：

低年级段：①在训练学生朗读、小声读、轻声读的基础上，要着意指导学习默读。即，引导学生学习不出声、不动唇、不动喉地读，直接将视觉文字符号转化为语言信息。②要提示些阅读绘本、童话、寓言、故事的基本要领。比如，阅读绘本，应注意图文互译；阅读童话、寓言、故事，需在欣赏情节的同时咂一砸其中蕴含的启示。③要鼓励学生把阅读绘本、童话、寓言故事，与想象并创编绘本、童话、寓言故事统一起来。

中年级段：①要着力训练学生学会默读。即学生能带着问题默读，边读边思考、圈画、生疑，并做简单的批注。②开始指导学习略读，并能运用抓住重点句、串联重点词语、合并几层意思等方法，把握自然段、结构段的大意。③要针对所读叙事性作品的具体类型，给予一些最切实的点拨。如阅读人物传记、历史故事，可学制表格、学做思维导图、学建人物档案，以帮助理清时间线索、角色关系、主要事件、人物特点。④要激发并引导学生学做摘抄型的读书笔记。通过摘抄富有新鲜感的词句、精彩的语段，让他们在丰富读书感受的同时，积累语料，发展语言。

高年级段：①要着重训练学生掌握"默读有一定速度"，"每分钟不少于300字"的默读技术要领。即，改变以往逐字逐词的默读方式，练习扫读整个词组、句子乃至整行的文字，以提高默读的效率。②要着重培养学生快速默读与精细阅读并重的良好读书习惯。即，在默读、扫读、浏览的过程中，对于书中精彩感人的情节、还未读懂的段落，要慢下来，再次细细回读体会。③要结合书籍的题材、体裁，提示一些基本的阅读要领。如阅读小说，要关注人物（核心）、故事情节（骨架）、环境（依托）。④要着重引导学生学做感受型、想象型、仿写型的读书笔记，最大限度地汲取书中营养，丰富读书所得，也为而后的撰写读书报告积累素材。

此外，对于内容远离现实社会生活的中外作品，应在历史、地理、社会背景等方面，给予学生一些必要的解说。还有，整本书中的个别章节，未必适合小学生阅读，或该年段的学生未必能够读懂。这种情形也是有的。因此读前的预备性指导，教师还需结合阅读目标、具体学情，对书中个别章节做些必要的提示。这也再次提醒我们：凡推荐或组织学生重点阅读的书籍，教师最好要有先行阅读的经历与体验。退一步讲，教师也需首先大略阅览，并向已经读过此书的师生做些必要的调查。

（二）做好读中推进性指导

读中的推进性指导，又可称作跟进性指导。指导的重点，或针对学生前期自主阅读过程中的实际困难、共性需求，或结合学生于阅读技术要领掌握、读书笔记方法运用过程中存在的具体问题，或为随后即将举行的读书展示交流、效果评定活动做必要的准备。这当中：

对于学生精细阅读、重点回读过程中的批注环节，教师需依据学段目标和具体学情，给予必要的帮扶。就说中年级，要训练学生能用一两个词语或简短的句子，在归纳段落大意的同时，写出自己读后的内心感触。而对于高年级学生呢，不仅如此，还需提示他们及时记录读中的联想和想象，以及对书中人物或事件的看法与评价等，做比较详尽的、成段的旁批。这是确保学生读进去的关键。

至于读书笔记的质量，以及良好读书习惯的养成，教师更需高度关注，循序要求，精准指导。尤其是学生在掌握了读书笔记的一般方式和基本要领后，要及时引导他们多做综合性的读书笔记。例如，把摘抄型与摘要型的读书笔记相结合，先摘抄书中生动的词句、精彩感人的语段，再归纳段篇章节的主要内容，或列出章节的内容结构提纲；把摘抄型与感受型、想象型的读书笔记相结合，先摘抄，再写下读后的真实感想，或进行扩写、续写、仿写、改写、创编……这样，才可保证学生读得好，收获大。

说到为展示交流、效果评定做准备，对于高年级学生来说，首要的就是指导和帮助他们在读中或读完整本书后全力写好读书报告，以便为接下来召开的班级读书报告会奠定基础。为此，教师要结合下水作文、学生例作，让他们知晓读书报告的内容是很宽泛的，像读后感、阅读欣赏、书评、读书心得等都属读书报告的内容范畴；要提示学生撰写每种读书报告的基本要领，指引他们从"有'读'有'感'、'读'与'感'并重"到"以'感'为主、以'读'为辅"，从"先叙后议"到"夹叙夹议"，从"一事一议"到"一事几议""几事一议"……不断提高读书报告的质量。

三、优化展示交流方式

定期举行多种形式的读书展示、交流分享活动，是推进整本书阅读的重要策略。这种展示交流，不论是读中进行的，还是读后开展的，它既是对前面已读部分或已读书籍的阶段总结,又是自觉转入阅读其后内容或其他作品的开始;它在展现和共享阅读收获的同时,也定会激发学生萌生更高的读书热情,去持续地享受读书带给自身的快乐,让书籍伴随自己一路成长。

(一)依学段特点确定展示交流形式

低年级当以书中精彩段落"朗诵会"、感人章节"故事会"为主,在丰富学生感受,锻炼学生朗读和诵读、讲述和讲演能力的同时,激励他们不断生成继续读下去的热切愿望。中年级,应热情鼓励学生结合潜心阅读的内容以及自己的感悟,用心地画一画、写一写,与小组同伴讲一讲、议一议,并经过反复练习、排演,以绘本讲述、剧本表演、故事新编等形式向大家汇报展示。如此,在敦促学生再次反复研读、尽享阅读快乐的同时,尽力发展他们的综合潜能。

对于高年级,则需要格外重视采用"班级读书报告会"的形式,而非一般的"书中知识竞猜""读书交流会""书签与手抄报展示欣赏"等。每场报告会的内容,既可针对共读书目展开,也可结合选读、自主阅读作品进行;既可围绕某一部经典,也可覆盖多部精品。这样,指引学生把主要的热情、精力和心思,投入潜心阅读、感受之中,投放到精心整理、提炼、归纳和动情吐露之中;让他们在尽情展现阅读收获、竭力提升书面表达技能的同时,进一步萌发更高的阅读激情。总之,不能只为了单纯的展示,不因为了"阅读成果展示"而过多耗费学生宝贵的阅读时间。

(二)把无障碍交流与话题研讨相统一

阅读是轻松、愉快的,交流研讨更应是学生内心感悟的自由流淌,精神大餐的自由分享。因此,不论是课余师生之间的"聊书",教师有计划地与小组或个人的"约谈",还是课堂上面向全体的成果展示、交流研讨,都要鼓励学生无障碍地各表其心、各尽其言。这是大前提。

于此基础上,中高年段教师又需站在课程的高度,依据所读书目的意义价值与具体学情,拟定交流研讨的话题,继而引领学生围绕话题展示交流,以使展示的内容更集中,研讨的中心更深刻,学生的收获更丰富。怎样拟定话题呢？可结合书目内容与学生的阅读兴致、关注点确定交流话题，也可根据年段教学目标与学生表达的薄弱领域选定交流话题；可以只设一个交流话题，也可提出多个研讨话题任由各小组选择。

（三）让展示交流活动成为课程常态

可选定期中、期末两个时间点，也可随着不同书目的阅读进程择时安排，总之每学期当定期举行1~2次的班级读书成果展示交流活动。通过及时举办班级读书故事会、朗诵会、报告会，在展现和分享学生读书成果、发展学生核心素养的同时，不断激发并强化他们广泛阅读的积极性，进一步巩固和提高他们自主阅读的兴趣。因此，将整本书阅读纳入校本课程计划，每周拿出2课时并且固定在课程表中，专门用于整本书阅读，以及预备性和推进性指导、成果展示与交流，就更显出它的重大意义。

这里顺便提及一下评价的问题：在把整本书阅读引向深入的过程中，尤其是展示交流环节，评价的意义是不能小觑的。要充分发挥学校、教师、学生、家长多元评价作用；要注重从态度、热情、质量等方面进行评价；要借助评价，谨慎呵护童心，努力促进阅读，积极推动学生的全面发展。

第三节　推进整本书阅读的前沿保证

把整本书阅读纳入校本课程计划，列入课表，这样就可最大限度地收获预期效益。为此，课时来源、任务担当、方法指导等，便是几个棘手的、必须统筹解决的难题。毕竟，阅读尤其是整本书阅读，是各学科、全体教员的事，不只是语文课程、语文教师的责任。然而，语文教师又必须率先勇敢地承担起自身肩负的使命。

一、确保稳固的时间来源

关于读书时间的问题，前面略有提及。众所周知：阅读的书籍再好，内容再丰富，学生没有阅读时间保证，一切都是空谈。当前，学校开设的课程多，各种形式的作业多、校内外的活动多，这是不争的事实，当然也是课程改革实验中不断探索解决的问题。因而每日里，学生除了早间、课间、午休等零碎时间外，难有整块儿的用于静心阅读的时间。所以，给学生提供大块儿的在教室中专心自主阅读的时间，就显得越发重要。

这便需要我们的语文教育工作者，在激发学生合理利用零散时间的同时，于课本选文教学方面：必须依据学段目标及训练重点，积极且大刀阔斧地践行"单元整体教学""读写双结合教学""群文整合教学"等；必须针对具体学情与学生充分自学基础上的主要疑难问题，进行精准并有效的施教；必须精心设计作业练习，精减作业量。这样，在提高教学效率、丰富学生实际获得、减轻学生课业负担的同时，尽可能多地节省出课时来，用以组织和引导整本书阅读。这不但是革除课堂阅读教学耗时低效顽症的需要，也是推进整本书阅读的需要，更是培养学生语文核心素养、发展学生综合素养的需要。

二、营造愉悦的读书氛围

和玩耍游戏、观看影视节目比较，大多学生不一定会首先选择读书，他们并非天生的就都喜爱读书。更何况，整本书阅读又有别于杂志阅读、期刊阅读，它需要花费更多时间，需有一种持久的内在动力、情愫做支持。因而，营造愉悦且浓郁的读书氛围，引领学生"读进去"并且能够持久地"读下去"，就显得格外重要。怎么办呢？

教师做学生读书的引路人、同行者，学生定会自觉地捧起书，开始他们的阅读享受之旅；教师每天为大家朗读书中的一部分内容，哪怕10分钟、5分钟，就会轻松地调动起学生的阅读动机、保持住学生的阅读持续性，就有效地解决了学生的阅读困惑、阅读枯燥寡味等问题。毫无疑义，一位热爱读书的教师肯定能带出一群群喜爱读书的学生。对此，英国当代著名的青少年文学大师艾登·钱伯斯（AIdan Chambers）在《打造儿童的阅读环境》一书中就讲："最重要的不是技术，而是我们是否能把自己作为读者的热情传导给孩子，是否能让孩子保持阅读的激情。"原因很简单，老师干预得过多，便最容易让孩子们产生不喜欢阅读的后遗症。

三、充分发挥榜样的作用

论及习作，大家深有感受：教师"下水"，摸清"水情"，切身体验此次习作的难与易，探明表达中应该注意的问题，就掌握了作前指导、写后赏评批改的主动权。同理，引领整本书阅读，教师也需"下水"，与学生同堂阅读、共读一本书。这样，在发挥示范作用的同时，又丰富了自身直接的阅读体验。因而，不论课上的指导，还是课余的相互交流，教师的几句指点，对学生来讲，就都将是最有益的启发，最切用的经验。

再说做读书笔记，这是学生要尽早养成的一种阅读习惯。不只是一味"饱眼福"，还要思考，并及时做些笔记，这样读书的收获才多、效益才大。然而一开始，教师切莫强行要求，更不能统一限定读书笔记的数量，以防因加载于自主阅读上的这些"额外作业"，使学生荡然丧失原有的一些读书兴趣，甚至由此产生厌烦情绪。这该如何是好呢？慢慢来，先向学生讲讲做读书笔记的益处，再就当做的读书笔记类型简明地提示一两条要点；而后便是及时表扬先进，请他们讲心得、谈体会。发挥学生的榜样示范作用，加之定期的展示与激励，就会很快地带动起更多学生，直至带动起全体的学生。

第五章

学科实践活动课程建设

时下，随着"优质、均衡、公平"的北京理念的提出，"让学前教育玩起来，小学教育慢下来"的改革方略的形成，以及《北京市中小学培育和践行社会主义核心价值观实施意见》[1]《北京市基础教育部分学科教学改进意见》[2]《北京市实施教育部〈义务教育课程设置实验方案〉的课程计划（修订）》[3] 等系列文件的相继颁布，北京市课改实验已步入"全面深化教育综合改革"阶段，并以前所未有的力度逐日推进着、落实着。

如何更好地践行上述指导意见与改进措施，从根本上解决教育教学中积存的深层问题呢？又怎样确保这场改革攻坚的实际效果，进而将宏伟愿景变成美好现实呢？这是我们务必要认真思考和竭尽全力的。

第一节 叩问和转变思想观念

多么复杂的事物，总会有其内部的客观规律可循；怎么艰难的事情，也必会有解决问题的技经肯綮。面对如上改革重任，结合自身近40年的

---

[1] 京政办发［2014］52号。
[2] 京教基二［2014］22号。
[3] 京教基二［2015］12号。

实践研究经历，我依然觉得：应以进一步强化、转变和更新我们队伍自身（包括广大任课教师，以及每一位教学干部、研训工作人员）的认识观念，作为学习、改革和创新的总抓手和着力点。

这是因为，意识支配行动。头脑中有怎样的认识观念，就会有怎样的实践行为。换言之，任何一种实践行为，都是其认识观念的外显形式而已。旧的认识观念不转变，不革新，就会口是心非，就会依旧重复着昨日习惯了的教育教学行动，实践、改革、创新的效果就会大打折扣。有句歌词讲，"理念不及格，其他全部是垃圾"，此话应不过分。这里，我们单说小学语文课程改革实验，尤其是改革实验中的学科综合实践活动课程。

一、正确看待课本

到底怎样看待课本？它是语文的主要资源，还是重要资源？毋庸置疑，课程不等于教材，教材也不等于课本。课本只是学生阅读和练习的重要资源，而不是主要资源，更不是全部资源。"语文教材（这里指的就是课本，作者注）无非是例子，凭这个例子要使学生能够举一反三，练成阅读和作文的熟练技能。"[①] 这些话，广大的同事们皆耳熟能详。然而，它所揭示和强调的教材观，却未必真正浸入我们各人内心的深处，并转化为自觉的教学实践行动。

那是一次专业培训，台上专家讲要重视开展包括排演课本剧形式在内的学科实践活动。台下，有人便发问："从改编到排练、表演课本剧，必定会占用许多语文课时。由此，导致课本学不完，怎么办？"持这种疑虑的，应该不只是个别者。因为有人又帮腔道："语文课程就是再改革，课本中的内容，你敢落下一课不讲吗？"显然，这话中的意思和观点是：说一千道一万，课本是最主要的；落下课本中的某一篇课文，学生考试时就有失分的可能。看得出，应试的思想依然根深蒂固。

众所周知，培养学生练就使用语文的熟练技能并形成良好习惯，这是

[①] 叶圣陶《大力研究语文教学，尽快改进语文教学》。

语文教学的重要任务。而要使学生养成这种技能与习惯，又必须经过反复的历练。对于这份重任，仅凭课本是无论如何担负不起的。课本对于教师或学生，都只不过是"应当随时准备弹离的跳板而已"①。那么，引导学生到哪里历练，怎样历练？途径又是明确的，那就是组织并激励学生运用从课本中学到的知识与方法，到广泛的课外阅读实践中去历练，到以语用为核心的语文实践活动中去历练，到跨学科的综合实践活动中去历练。谈及怎样学好语文，北京大学中文系孔庆东教授曾讲："我的语文本事主要不是从教科书上得来的，而是'功夫在书外'。"② 这也肯定是所有语文本事高强者共同的体验。

就说激发和指导学生结合情节生动引人的课文，改编剧本，排练与表演课本剧，这是低、中、高各学段学生都十分喜爱的一项学科实践活动。在这一活动中，学生会创造性并全力以赴地研读课文；会依据创作剧本、布置场景、设计道具、自制服装、登台表演的需求，进行多领域的拓展阅读。因而，学生于阅读、创作、设计、表演等各方面的收获，一定是丰富又深刻的；台上、台下，团结互助的情形与经历，一定会成为促进他们终身发展的永久动力。这也一定远非是教师篇篇不落地讲授课本的效果所比量的。更何况，对于课本中的很多课文，完全可以进行群文整合教学，或指引学生借助《导学单》自读自测。要相信学生，他们是能够自学的。因此，我说对于学科或跨学科的实践活动课程，不要怀疑，不要争议，先行动起来，在行动中去不断地改进与优化。

二、正确看待课堂

到底怎样看待课堂？它是教师展示的天地，还是学生学的天地？这话的确属于无疑而问。课堂一定是学生学的天地，而不是教师单纯展示才艺

---

① [苏]苏霍姆林斯基《给教师的建议·教师要把学生的脑力劳动放在注意的中心》。
② 孔庆东《孔庆东语文观》。

的天地；评价课堂的优劣与效果，主要看学生学得怎样，而不是看教师才艺表演得如何。而且，越是优秀的教师，越应善于把学生推向前台。然而，就是这再浅显、直白不过的课堂观，却在我们的课堂教学中，尤其是在公开课、展示课上，常常得不到正确的贯彻与落实，常常令我们的执教者止步于精彩途中，令人遗憾不已。

那是一次在异校借班上课，课的主要内容是"'多读书，好读书，读好书，读整本的书'——感人书目推荐"。课前，教师引导学生说说近期读了哪些书，书中分别主要讲述了哪些内容。课中，由启迪"设计推荐"（提示学生先想想要推荐哪本书、因何要推荐这本书、打算怎样推荐，而后列出简单的推荐提纲，再与小组同伴交流；如果推荐的是同一本书，还可以合作推荐），到引导"动笔推荐"（启发学生像平日作文那样，试着给自己的推荐文稿拟个简明、引人的题目；写完初稿后，反复读一读、改一改），再到组织"赏析推荐"（结合例作，指引赏评，进而帮助提炼并总结书面推荐的基本方法）；然后激发学生"完善推荐"（运用学到的表达方法再次修改自己的推荐文稿），以小组为单位选举代表"登台推荐"；随后"教师推荐"（以进一步示范书面推荐形式，落实区县课外阅读规划，引领重点阅读方向）。看得出，课的主题适切且有新意，教学环节也清晰、连贯。

只因怀有要借这个场合秀一秀个人学识与才艺，并以此突显"我"这节课的教学效果的心理，于是在课堂上，教师以"书犹药也，善读医愚"等阐述读书重要意义的古今名人名言，来串联各教学结构板块；临近尾声，还声情并茂地配乐朗诵了自己专为这节课创作的一首小诗——《一本好书像什么》。我们能够深切感受到，这位教师的确学识广博，文学造诣深厚，也非常用心，特别想把这节课上好，上到学生的心间。只是他忽略了一条，那就是——教师的"用心"不等于学生动心，教师的"精彩"不等于学生精彩。

课堂的精彩，缘于学生的精彩；学生的精彩，铸就教师的精彩。换言之，学生的精彩，就是教师的精彩，就是课堂的精彩。这好比舞台上的演员与幕后的导演,导演的高超取决于演员的光鲜,演员的光鲜就是导演的高超。就说上面的课例,整节课的主要任务是推荐阅读,而非了解读书的重要意义。因此,课堂上删减那些"用心"的、却跟课堂目标关系不大的内容与环节,将节省出的宝贵时间,用于继"设计推荐→动笔推荐→赏析推荐→完善推荐→登台推荐→教师推荐"之后的"先睹为快"环节:或组织共同阅读教师也可以是某个学生推荐书目中的精彩章节,或自主选定大家推荐的、最想阅读的书目,自此拉开阅读该本书的"悦读精品"序幕。这是不是与本节课的主题更吻合,效果会更好?

三、正确看待教学目标

到底怎样看待教学目标?是唯知识、能力与方法,还是全面育人?对于"教什么"和"怎样教"这两方面内容,大家已经形成了共识——前者比后者更重要。那么,教学生什么呢?是单纯地教学生知识、能力与方法,还是教学生包括知识与能力、过程与方法、情感态度与价值观念在内的全面发展,实现工具性与人文性的统一?对此,教师们的认识也是明确的,因为《语文课程标准》里面讲得清清楚楚。然而,这其中所阐述的教学观和育人观,却还没能很好地体现在我们平日里的每节课上。重视知识传授和技能训练,而轻视情感熏陶、品德浸润;工具性与人文性游离两分的教学现象,还相当突出。

那是在引导中年级学生"学写推荐(或自荐)书"的课堂上:教师先是创设真实情境——遵照学校部署,评选班级健体、尚学、乐群、爱国小标兵,并让学生通过阅览有关说明资料,了解推荐(或自荐)的具体要求;随即出示例文,启发学生借此知晓《推荐(或自荐)书》的一般格式,以及正文部分在内容、语言等方面的表达要点;而后便提示学生拿起笔来开始"推荐(或自荐)"(推荐同一人选的,也可以合作推荐),且做认真的修改。接下来,就是组内交流,相互指点;各组代表登台推荐或自荐,并借助小组间的互动,使学生进一步丰富推荐或自荐的表达方法。

可以说，这是一个设计精心、环环相接的学科实践活动课例。只是让人突出地感受到：整个教学过程，仅是重视方法、技能方面的训练，仅是为了表达而表达——不论是课的标题，还是教师的指导、评价、出示的例文，以及学生的所有努力及表现，单是为了学写《推荐（或自荐）书》，为了掌握这类习作的表达方法，为了形成推荐或自荐的技能；忽视引导学生羡慕身边榜样、乐于学习他人、勇于表现自己、坚信"我能行"等良好个性和健全人格的培养。这里有设计方法的问题，也一定有思想意识的原因。

有人讲，一流的化妆不是脸上的化妆、精神的化妆，而是生命的化妆。由此，让人不禁推想到：一流的课不是上到学生的口头、上到学生的手头，而是上到学生的心头，使学习内容化为学生认知、情感的一部分。这是因为，单纯地传递知识、指引方法、训练技能，是低效的教学，是低境界的；要设法将其与唤醒人格心灵、激励追求完美、鼓励创造求新融合为一，化学科教学为学科教育；当"教学法一旦触及学生的情绪和意志领域，触及学生的精神需要，这种教学法就会变得高度有效"[1]。

就说前面的实例：将课的标题更改为《学习他人，展现自己——学写〈推荐（或自荐）书〉》；把崇敬优秀、张扬个性与学习表达方法、发展语用技能，作为两条同提并论、不可偏轻的教学目标；将热情唤醒、激励、鼓励的言语，融于各教学环节及教师的引导、评价、例文之中；课末增加"投票统计"，为当选者"撰写颁奖词"环节。这样，是不是在培养学生良好个性和健全人格的同时，又锻炼和发展了学生的语用技能？是不是通过训练和增强学生的语用技能，又进一步促使学生良好个性和健全人格的形成？

四、正确看待活动设计

到底怎样看待活动设计？是刻意求新求奇，还是依据活动目标？对于

---

[1] ［苏］赞可夫《论教学论研究的对象与方法》。

某一实践活动设计的评价,参与集体备课的教师因认识角度与高度不同,经验积累与默会知识的丰富程度不同,出现分歧、各执其说的情况不足为怪。然而,最基本的一条设计与评价标准,是应达成共识的。那就是一则好的实践活动设计,就如或说就是一部优秀的作品,各个结构环节既要紧密关联,又要直指活动主题,为实现教学核心目标服务;否则,再是新奇有趣、吸引学生眼球的环节,也是多余的,只会分散学生的注意,耗费课堂有效活动时间。然而,这一基本的设计观,在现代信息技术格外发达,各种音像资料极大丰富,强调集体备课与个性化备课并重的当下,却常被忽视、淡忘,或遭抵触、冲击。

那是高年级表达训练系列中,一则标题为"声音背后的……"学科实践活动设计。该设计预计用时 40 分钟,主要分如下四个结构板块:①用心聆听(4′)。即,播放音频,让学生听一听音乐背景下鸟鸣声中伴着的琴声,而后说一说听到了什么声音;随后,要学生再听一遍,展开想象并说一说眼前浮现出的画面。②用心感受(4′)。即,播放视频,让学生看一看"神舟十号"宇宙飞船升空时的场景,然后说说各自听到了哪些声音,最令本人激动的声音,用心感受到的声音以及由此想到的情景。③用心对话(3′)。即,要学生拿出教师事先发与每人的海螺,贴近耳朵听一听,随即说说听到的声音,再闭上眼睛倾听海螺的讲述,并与它用心对话。④用心表达(29′)。即,让学生说说生活中触动内心的声音以及在与人交流中感动自己的话语(3′);接着,启发学生回忆并以提纲的方式整理和交流这声音背后饱含情感的故事(15′+3′);最后,要求学生详细地写一写并与大家分享故事中最触动自己的那个片段(6′+2′)。

可以感受到,这是一则准备尤为充分,精心分配课堂用时,学生独自构思和练笔时间相对充裕的学科实践活动设计。那么,主要问题是什么呢?从活动的核心目标和整体设计来看,很显然:这节课要重点训练的是学生的表达能力,而非听辨能力、观察能力——尽管这些与表达有着密切联系;重点训练的内容是纪实作文,而非想象作文。由此便可判定:该设计中的前三个环节虽有新意、会吸引学生,却是偏离重点训练目标与重点训练内容的。不仅如此，这几个环节还严重干扰了学生深情回忆、真情构想的思绪，挤用了动情表达、激情分享的时间。

　　我们不提倡仅凭两支粉笔进课堂的守旧方式，也反对偏离教学活动目标而片面追求形式的做法。"文灭质，博溺心"①，花样名堂太多，会淹没事物本质；"大音希声，大象无形"②，将至美的乐音、形象与目标融为一体，不显刻意，也不过分。消除了形式的东西，集所有努力于教学活动核心目标，那样就会为指导学生完成课堂核心任务，预留出尽可能多的练习时间。说到课堂时间，有人讲："课堂上如果一半时间是学生在活动，那你就是个及格的教师；如果是以教师活动为主，那你是个不及格的教师；如果三分之二的时间让学生活动，那这样的教师是好教师；如果四分之三的时间都给学生，那你是个优秀教师；要是把时间全部给学生，教师只是几句点到而已，最多十分之一，那你就是特级教师了。"③ 也有人说：一二年级教师领着学，可以采用"20＋20"的模式；三四年级教师扶着学，可以采用"15＋25"的模式；五六年级教师放手学，可以采用"10＋30"的模式。对此，我都是赞同的。总之，要最大限度地压缩教师控制与牵引的时间，把尽可能多的、更多的时间留给学生。

　　就说刚才列举的学科实践活动设计，去除多余且干扰练习的花样形式，将其调整为：①用心聆听（3′）。即，让学生用心聆听教师借助提纲（含文题、主要内容、各部分标题、重点部分具体展开的层次，并标明详写、略写及点题之处）动情讲述亲身经历的"声音背后的感人故事"，以此激发学生开启尘封的生活记忆，同时示范习作提纲的样式。②用心整理（15′）。即，在让学生说说生活中曾深深触动自己内心的声音或话语的基础上，启发学生以提纲的方式整理和交流这声音背后饱含真情的故事。③用心表达（15′）。即，激励学生详细且深情地记叙故事中的重点部分，再

---

　　① 庄子《缮性》。
　　② 老子《道德经》。
　　③ ［美］兰·本达《小学科学教育的"探究—研讨"教学法》。

与大家分享。④用心完善（7′）。即，启迪学生结合这个故事给予自己的触动、鞭策与影响，给已写成的重点部分加上开头、结尾，使它完善成篇。这样，教学环节是不是直奔核心目标与训练重点，并且更加连贯与顺畅？学生是不是更想表达，更会表达，有更充足的时间进行具体且精彩表达？

五、正确看待教师角色

到底怎样看待教师的角色？是主宰者或旁观者，还是引领、参与及指导者？教师的角色仍是以"传道、授业、解惑"①为专务的课堂主宰者吗？不再是。是撒手让学生自学而退居一边的旁观者吗？也不尽是。那么，教师到底应是怎样的角色，担负着怎样的职责呢？所谓的教师，概括地讲，就应是教学生学的师傅。说得具体些，教师就是学生习得之初的启发者、激励者，实践当中的组织者、参与者，遇到困难时的引导者、扶助者，取得成绩后的喝彩者、启迪者。总之，教师要做个长者，去关爱他们；做个智者，去引领他们；做个朋友，去唤醒他们。然而，就是这本该入脑并正确付之于行的教师观，却也常被曲解或极端化。

例如，在阅读教学实践中：变以往惯用的串讲与分析，改为串问、满堂问，让学生紧紧跟随着教师一步步地去接近预设的、统一的、已知的结论——这不依然是教师在统治课堂吗？变教师串问、满堂问，改为让参与备课的"学科长"来提问；"学科长"问不出，大家答不全，教师再提问，再做解答和总结——这不是教师变相的串问和讲析，以成就个别佼佼者而牺牲群体吗？又如，在语用训练中：于不明具体评价目标、重点要求和责任分工，又缺少精心准备的情况下，动辄让学生结组相互交流——这不是放弃教师指导的走过场吗？于结合例作组织集体赏评过程中，任由学生品评，教师或不置可否，或只是迎合、重复学生的发言，或一味赞赏而不提示主要问题、引导修正方法——这不是无谓地遗弃教师主导作用吗？

---

① 韩愈《师说》。

凡此现象，不胜枚举。

　　教师的一切努力，无不在于让学生不断萌生学习兴趣，生成探究渴望，增强发展自信；无不在于让学生尽快学会独立动脑思考，主动发现问题，灵活并有创意地解决问题；无不在于让学生尽早养成自我评价与自我矫正的习惯，自我教育与自我完善的习惯……这就需要我们准确并全面地领会为师之道，明晰且恪守为师之责，不偏不倚，无过不及。

　　就说阅读教学实践：教师不是不可以提问，而是要在激发学生认真预读、主动生疑、多方查阅、合作互助的基础上，引领学生抓住研读理解的核心问题，并充分借助默读和朗读——在读中把握大意，在读中体会情感，在读中领悟写法，在读中积累语言——且通过领悟表达方法、积累精彩语段，以进一步加深对文本内容和情感的理解，真正把学文课上成读书课。教师不是不可以讲解，而是要在引导学生先行独立学、课堂交互学、拓展丰富学的过程中，依据学生的需求，及时地点拨读法、学法，适时地与学生分享自己研读的经验和心得。总之，教师的"'讲'都是为了达到用不着'讲'，换个说法，'教'都是为了达到用不着'教'"①。再说语用训练：于学生精心构思或用心成文、修改后的结组评价，是至关重要的合作互助环节；只是应让每个学生首先明确这次习作练习的重点目标，合作时的具体要求与责任分工，并做充分准备——这样的结组评价才有实效。对于赏评中的例作及其他每一篇习作，教师确实应以"赏"字为主，由欣赏学生的作品到热情称赞学生的进步与可爱；只是要把欣赏习作中的优点，与指出其中的主要问题、修正建议，还有对作文及作者的殷切希望等，紧密地结合起来——这样才会使学生的收获更多，进步更快。

---

① 叶圣陶《大力研究语文教学，尽快改进语文教学》。

第二节　明辨与把握课程性质

语文课程改革实验，要研究和改革的内容很多，涉及方方面面。而要确保改革实验的实际效果，明辨和把握语文课程的性质，是最为重要的。因为这性质揭示着语文学科的根本属性，左右着语文教学与改革、创新实践与发展的方向，关乎着语文课程的育人质量。

那么，该怎样认识和理解语文课程的性质，又该如何践行和体现语文课程的性质呢？

一、学科基本任务上的正确理解和运用语言文字

从学科的基本任务上讲——语文课程是一门主要学习正确理解和运用语言文字的课程。

2011年与2015年①国家教育部一再修订的《语文课程标准》在第一部分"课程性质"一节中均讲：语文课程是一门"学习语言文字运用"的课程。对此，我是有异议的，不敢轻易苟同的。理由是它窄化了语文课程担负的主要任务，把学习"理解语言文字"方面的职责，排除在外了。语文课程不论怎样改革，其主要任务都应是明确的，那就是——学习正确理解和运用语言文字，并形成阅读能力，以及包括口头和书面在内的表达能力。为什么呢？"在这里，颇有问一问国文科的目的到底是什么的必要。我们的回答是'整个的对于本国文字的阅读与写作的教养'。换一句话说，就是'养成阅读能力'、'养成写作能力'。"②

针对以往语文教学忽视或对语用训练重视程度不够的倾向，强调语文课程要加强语用训练，这是正确的。因为语用能力确属语文学科核心素养

---

① 2015年网络版《语文课程标准》。
② 叶圣陶《国文科之目的》。

的重要因素，学习正确运用语言文字确是语文教学于基础教育阶段的重点及难点。但因此就说语文课程只是一门"学习语言文字运用"的课程，以及有人缘此提出的建设"以表达为核心"的语文课程，建构"基于表达"或"以写作为本位"的阅读教学模式等，是不是又走向了极端，犯了过犹不及的错误？

"理解"与"运用"，前者是吸收与内化，后者是输出与外化。两者是同等重要的两大语文基本技能，是人们每天都要用到的语文基本功，是一个人语文核心素养高低如何的重要体现。更何况，这两者是相辅相成、相得益彰的。其中，前者是后者的基础与支持，即"理解"的量与质决定着"运用"的量与质；缺少或忽视"理解"的"运用"，是没有质量及效率保证的。对此，古今中外的相关论述不胜枚举，教学实践也无不证明："说到最根本处，要提高学生的写作能力（包括口头表达能力在内——作者注），还得从阅读教学入手，从基本训练入手。"[1]

依据学科这一基本性质，我们该如何更好地改进和创新时下的语文教育课程呢？我想：从观念上，要坚定不移地确立"理解"与"运用"相提并重的指导思想，不偏轻某一方面。从行动上，应沟通和密切"理解"与"运用"二者的关系——积极践行主题阅读、群文阅读、海量阅读等导读模式，热情激励和引领学生读整本的书，读一本本的书，以大量的课内外阅读，在带动学生识字、增强阅读技能的同时，促进学生内化表达方法，丰富语言积累；教学生做归纳型、想象型、借鉴型、感受型、赏析型等各种形式的读书笔记，引导学生在真实的言语情境中进行自主表达、真情表达、个性表达，按时举办期中、期末班级读书报告会（而非一般的"读书交流会"），及时组织并辅导学生于认真整理、修改的基础上编订个人学期（年）优秀习作文集，在增强学生运用语言文字能力的同时，激发学生萌生更高的读书热情，更主动和用心地读书。由此，最大限度地发展学生以正确理解和运用语言文字为圆点的学科核心素养，进而助力并促

---

[1] 张志公《谈作文教学的几个问题》。

进提升学生的综合素养。

二、地位与特点上的基础工具性与人文性密切统一

从学科地位与特点上讲——语文课程是一门基础工具性与人文性密切统一的课程。

在长期的教改实践中，我们一刻也没有停止对语文课程这一性质的认识、发展与完善。特别是自改革开放以来的历次课程改革实验，让我们对语文课程的这一性质，认识得更加明确。

从语文是"思想政治教育和语文知识教学的辩证统一"[①]，到语文是"基础教育中的一门重要学科，不仅具有工具性，而且有很强的思想性"[②]，再到语文是"义务教育中的一门重要的基础学科，不仅具有工具性，而且有很强的思想性"[③]；从语文是"最重要的交际工具"，是"义务教育阶段的一门基础学科"[④]，到语文是"最重要的交际工具"，是"工具性与人文性的统一"，是"学生学好其他课程的基础"，也是"学生全面发展和终身发展的基础"[⑤]，再到语文是"人类最重要的交际工具和信息载体"，是"工具性与人文性的统一"，"具有多重功能和奠基作用"[⑥]——各部《语文教学大纲》和《语文课程标准》清晰地记录下近40年来，我们的认识发展轨迹。

回顾以往的实践探索历程：可以说，我们从未忽视语文课程的基础性、工具性特点；当然，语文课程自身的地位和重要使命，也容不得我们对它的基础性、工具性，有片刻的小视。在学科教育性方面，从脱离语言文字的"思想政治教育"挂帅，到在语言文字训练中进行"思想性"教

---

① 改革开放后的第一部《小学语文教学大纲》，即1978年版《全日制十年制学校小学语文教学大纲》（试行草案）。
② 1986年版《全日制小学语文教学大纲》。
③ 1992年版《九年义务教育全日制小学语文教学大纲》（试用）。
④ 2000年版《九年义务教育全日制小学语文教学大纲》（试用修订版）。
⑤ 2001年版《全日制义务教育语文课程标准》（实验稿）。
⑥ 2011年版《义务教育语文课程标准》。

育渗透，再到把"人文性"教育积极融入语言文字训练——我们对语文课程的德育内容与教育方式，认识日趋全面、深刻和理性。

针对学科这一基本性质，我们又该怎样更好地继承和发展当前的语文教育课程呢？我想：从观念上，要牢牢坚守着眼基础并且将"工具性"与"人文性"有机统一的指导思想，坚定摒弃冒进、越位和游走极端的教学倾向。从行动上，应自觉、全面且深入地发掘语文课程中的人文性教育因素，在字、词、句、段的基本训练中，培养学生听、说、读、写的基本技能，培育学生正确的情感、态度和价值观；又以人文性教育因素的自然融入，进一步带动和发展学生的语文核心素养，让每一堂课都上到学生的心头，使每一项学习内容都化为学生认知、情感的一部分。

三、学习内容的综合性、目标的多重性与方式的实践性

从学习内容、目标与方式上讲——语文课程是一门综合性、多重性及实践性更强且更突出的课程。

和其他学科比较，语文课程学习的内容更宽泛，目标更多元。它既要学习语言（口语），又要习练文字（书面语）①；既要学习文法，又要习得文化；既要学习语文知识（语言知识、文字知识、文法知识、文化知识），又要练就语文能力（听说读写能力、观察能力、思辨能力、联想和想象能力）；既要具有广泛的学习爱好，又要养成良好的学习习惯；既要提高思想道德修养和审美情趣，又要形成良好个性和健全人格……

这宽泛的学习内容，多重的学习目标，集中到一点就是语文的综合素养，"包括语文知识、语文能力、文化教养、生活体验、思想品德、思维品质、审美情趣等"。这宽泛内容、多重目标的内在联系，是"以语文知识、文化教养、生活体验为基础，以思想品德、思维品质和审美情趣为导向，以语文能力为核心"② 的。

---

① 吕叔湘《关于语文教学的两点基本认识》。
② 周正奎《语文教育改革纵横谈·语文教学的目标》。

而如上这一切，学生都要凭借主动的语文实践，包括阅读实践、表达实践，以及沟通课堂内外、穿越各个学科的综合实践，方能获得与实现。当然，学生也只有凭借语文实践、综合实践，才能掌握所学内容，才会将多重的目标变为热切追求的现实。

针对学科上述基本性质，我们又应怎样积极和稳妥地推进当下的语文课改实验呢？我想：从观念上，要彻底反省和勇敢告别以往耗时低效的教学模式；增强以学生为本、以学生发展为本的教学观念，提高对语文学科综合素养、核心素养的关注程度。从行动上，须采取"两手抓"的策略——一手抓学科教学，通过转变和不断创新课堂教学方式，完善课外阅读规划、指导及检查方案，不断提高学科教育教学实效；一手抓综合实践活动，通过加强顶层设计，即确立并围绕核心主题整体设计贯穿各个学段的纵横有序的系列实践活动，充分发掘身边现有资源设计和开展内容鲜活、紧密联系学情的系列综合实践活动，把精心的阅读和语用设计融于系列综合实践活动始末，让综合实践活动更有实效。

最后要补充赘述的是：以上仅为基于目前实践认知的前提下，笔者对语文课程性质与体现的一些认识。并且，这些认识一定还有因个人实践研究程度而存在的狭隘的局限性，还一定有随着实践不断深入进而逐渐丰富和具体的发展性。

第三节　挖除少慢差费的病根儿

三四十年之前，人们批评的语文教学效果不佳，少、慢、差、费程度严重的现象，今日是否得到了彻底的改观？恐怕我们依然不能理直气壮地回答"是"。这么多年过去了，语文教学为何仍旧如此？导致学科少、慢、差、费现象的根本症结到底又在哪儿呢？

一、耗时低效的"病根儿"

我想，语文教学耗时低效的"病根儿"，主要还是在教学的主阵地——课堂上，在课堂的实际教学效果和效率上。这也提醒我们：语文课程改革实验，首先要关注课堂，从改革课堂实践做起。课堂教学出了问题，仅凭课外是补不起的。通观目前的小学语文教学课堂，如下状况依旧存在，有的甚至还呈常态。

（一）无效教学不绝

教学的意义与价值在于它的有效性。如若无效，教学也就失去了它的根本意义与价值。这一点无须赘言，人人皆晓此理。然而，无效教学的现象却不鲜见，其中用时最多、投入精力最大的阅读教学课堂更甚些。

有些闭门的阅读课，不辨学生的已知，不明学科的性质，不顾语文的专务，不择教学的重点——无休止的一问一答，动不动就讨论讨论，象征性且只言片语的朗读，而且这一切自始至终纠缠于学生早已知晓的文本内容或故事情节层面——课堂上尽管热热闹闹，学生却是无所收获的。这不是"学语文"，是单纯地"学课文"。

有些公开课、示范课，以及迎检课、录像评优课等，当中有的阅读课真成了献给观课者的"展示课""表演课"。这样的课，也许会获得一时一事的好评，但浪费了宝贵的导学强技时间，也给学生幼小心灵留下了负面印象。为不断发现和解决问题，把课上得更好，并以此促进自身专业发展，可以反复试讲，同课异构或同课多上，但不应同课重上。

（二）低效教学普遍

更多的阅读课，虽然重视激发学生的主动性，关注习惯培养，但下列种种现象仍为基本态势，致使相当一部分课教学实效还很低。

1. 从学习目标上看

有些课，因缺少依据学生发展需要、实际困惑与学段重点要求，而精心确定和要着力解决的核心问题（主要学习目标），致使教学内容杂糅，指导和练习的目的性不强。

2. 从课堂密度上看

有些课，每学时大半还是只读一篇不长的课文，或再加一两个拓展性片段阅读，阅读总量不足；加之学科实践性特点不突出，解说、复述、背诵、语用练习不落实，于是导致教学实效不大。

3. 从教学环节上看

有些课，整体把握环节，对通读、朗读、熟读全文的重视程度，远未达标，因而也给后续训练环节以及所要完成的任务，增置了重重不该有的障碍。深入研读环节，漠视学生的已知已能，忽视一般程序性学法指导，更缺少有针对性的策略性方法指引，零起点的重复性教学充斥课堂，造成训练重点不突出，教学难点难突破；只关注于文中个别词语、句子、语段的表达效果，对于作者围绕一个中心意思连句成段、连段成文、选材立意、布局谋篇等上位表达方法，严重忽视，使得学生书面表达技能形成受阻。强化与提升环节，没有针对核心问题（主要教学目标）而设计的进阶练习，以致学生听说读写能力与认知水平不见明显长进。

4. 从改革热点上看

学科间的沟通与课内外的衔接随心所欲，缺少必要的关联与遵从，诱致创新实践鲜有实实在在的效益；学科德育融入不力，说教痕迹明显，缺少学生细细揣摩、换位思考、联想对比的过程，招致学科德育因素难以进入学生的心脑，融入学生的情感认识。

二、挖除"病根儿"的实践举措

找到了语文教学少、慢、差、费的"病根儿"，又怎样挖除这个"病根儿"呢？语文课程改革与育人质量提升，首要的还应是教学的主阵地——课堂的创新、再创新，特别是阅读教学课堂的创新、再创新。当然，这种"创新"一定要是建立在把握学情、基于课标、遵从规律、突出实践、扎实有效、全面育人基础上的。其中，"创新""务实"、突出"实践性"特点，是改革实验的途径、策略与保障，"高效"和"育人"则是方向、夙愿及最终目标。

创新的前景是令人期待的，然而脚下的"路"又是艰难的。要创新语文教学课堂，举措虽然关乎多个方面，但笔者以为转变思想观念、优化教学预案和加强作业设计，是几个重要的因素。

（一）转变思想观念

先有思想观念的转变与更新，然后才会有实践行为的转变与创新。只安逸于原有的认识窠臼，创新实践便无从谈起。

1. 增强"问题"意识

让语文教学活动建立在学生真实"问题"的基础上，可以是知识、能力方面的问题，也可以是过程、方法领域的问题，还可以是习惯、态度上的问题。即，借用"微课"的理念：依据学生语文实践、学科素养的薄弱方面与学（年）段重点要求，精心确定"核心问题"，以及由此分解出的"问题链儿"；以着力解决"核心问题"为重点学习目标，以"问题链儿"为引导实现学习目标的基本步骤和方法；以进阶性的实践练习为强化学法运用、评估学习目标达成度的主要方式。这样，课堂教学就有了针对性、目的性。

2. 增强"大课堂"意识

若说教室是"小课堂"，那么学生凡可学习语文的广阔天地——家庭、社区、图书馆、博物馆、科技馆、大剧院、自然界等——就是"大课堂"。以"小课堂"驱动"大课堂"，使"小课堂"成为学生广泛阅读、多方检索、认真观察（欣赏）、深入调查（考察）、亲身体验、真情表达的"始发站"或"中继站"；以"大课堂"成就"小课堂"，让"大课堂"成为学生运用教室内所学，丰富知识、拓展视野、陶冶情操、形成技能、养成习惯、提高素养的"训练场"或"演兵场"。这样，就使课内与课外凝聚为一，形成了合力。

3. 增强"实际获得"意识

教师的一切努力，无不是为了学生的实际获得。学生一无所获或获得甚少，依旧只在原有认知层面徘徊，教师的付出便是徒劳无效的。这就敦促我们，必须改"讲析"为"导学"，变"牵引"为"扶助"——"努力实现课堂的静态固定时空向动态生成时空的转变"①，让学生主动生疑、思考、探究、练习，进而有实实在在的收获。因为，教师的"教"，是为了让学生"不用再教"。

4. 增强"全面育人"意识

立德树人，既是教育的根本任务，课程改革实验的核心目标，也是语文课程从来和永久肩负的重要使命。增强"德育为先、能力为重、全面发展"理念的认同感，"充分发挥人文学科的独特育人优势"②，触及语文学科，归根结底就是要正确处理"工具性与人文性的统一"的问题。这是国家教育的大政方针，也须成为我们每一位语文教育工作者自觉的实践行为。重"智"轻"德"、因"智"废"德"，都将是语文课程改革实验不可挽回的损失。

（二）优化教学预案

先有匠心独运的教学预设，而后才会有精彩纷呈的课堂生成。反之，照用老旧的教学方案，保守昨日默会性的教学套路，高效育人的课堂就永远会是一种奢望。

1. 把"群文阅读"与"语用表达练习"融通

即，针对学生在语用表达方面的努力方向或实际问题，组织群文阅读；通过群文阅读，在引导理解和把握文字内容、体会思想情感的同时，着重启发学生领会这组文章最突出的，当然也是学生应学并且能学的观察方法、表达方式或语言特点。而后，激发学生尝试运用所学，进行语用实践练习或进一步修改课前预作。

例如，抓住四年级学生习作内容单纯、表达思路封闭的共性问题，组织研读第 8 册课本《迎接绿色》和与之配套的语文读本中《沙漠中的绿洲**》这组文章；在引导学生有感情地朗读、把握主要内容、体会人物

---

① 《北京市教育委员会关于做好2015—2016学年度基础教育课程教材改革实验工作的意见》（京教基二［2015］17号）
② 《教育部关于全面深化课程改革落实立德树人根本任务的意见》（教基二［2014］4号）

思想感情的同时，着力启迪学生领悟这两篇文章把"正面记述"与"侧面衬托"相结合，以正面记述突出表达主旨，借侧面衬托深化情感主题的上位表达方法。随后，激励学生尝试。

群文篇目	表达的主要共同点	各自的特点
《迎接绿色》	把正面记述人们精心照顾一株野生丝瓜，使它成为一道自然风景、人间风景的具体表现，与侧面描述"我"封闭单调的生活环境、压抑不安的内心感受相结合，进而表现生活在都市的人们对绿色的向往和珍惜。	先侧面描述（略），再正面记述（详）。
《沙漠中的绿洲**》	把正面描述阿联酋人民改造沙漠，精心培植与呵护城市绿色的壮举，与侧面记叙阿联酋恶劣的自然环境相结合，进而赞美这里的人民对绿色和美好生活的热爱。	把侧面记叙（略）有序地融入正面描述（详）当中。

运用这一表达方法，进一步修改和丰富课前的预作。这样，既使课内阅读与课外阅读相结合，丰富了学生阅读量，强化了阅读技能训练；又使阅读与表达相融通，增强了教学目的性，发挥了阅读对习作的推动作用。

2. 把"主题阅读"与"学科德育实践"融通

即，把围绕某一主题开展的拓展性阅读，或同读整本书的活动前置；于此基础上，组织召开结合所读内容的"主题故事会"或"人物事迹宣讲会"等。而后，激励学生联系阅读、演讲内容，自主命题且自选叙述人称，以书面形式写一写主题故事对自己的触动与启迪，书中主人公给予自己的印象与影响……并据此展开交流和评价。

例如，指导研读第8册教材《一夜的工作》与课外篇目《在生命的最后时刻》这组文章，继而激发学生自主阅读《大地的儿子——周恩来的故事》（苏叔阳著）或《周恩来与他的世纪》（韩素音著），并做好摘抄式、归纳式、感想式等读书笔记。随后，组织召开"伟人周恩来事迹报告会"。然后，引导学生选取典型事例，自己命题，自选人称，完成书面作文"我心目中的周恩来"……这样，让课内与课外相互促进，相得益彰；让学生借助广泛阅读、隔空对话和交流评价，在发展学科核心素养的同时，倍加珍惜今日生活，更加勤奋刻苦学习，从小立志报效祖国。

3. 把"经典阅读"与"吟咏背诵宣讲"融通

即，在教学优秀的诗词曲赋、寓言童话、成语故事等经典文学作品时，于引导学生读通、读熟、读懂之后，再凭借真实的情境创设，指引学生吟咏背诵，并练习用满语、蒙语等少数民族语言或尝试使用外语，宣讲大意及其蕴含的道理。

如教学第8册《寓言二则〈刻舟求剑·守株待兔〉》一课：先是指导学生读通、读熟，把握大意，知晓其中事理；然后创设"舞台朗诵表演"或"向国外友人宣讲中华优秀传统文化"等情境，引领学生吟诵记忆，练习用英语并加上体态动作，介绍寓言大意及说明的道理。这样，学生势必兴趣盎然、热情投入，既加深了对寓言故事的感受与理解，增强了语感，又为明朝向世界传播中国优秀传统文化，实现"东学西渐"的伟大愿景，奠定了基础。这也正像崔峦先生所讲，如此施教，让母语和英语双赢，使教学相长、师生双赢。

4. 把"精细阅读"与"发展综合素养"融通

即，对于教材中的精读篇目，尤其是那些脍炙人口的名篇佳作，教学时可依据文本的具体特点、达成目标的实际需要以及课堂的整体规划，适时地引导学生画一画（美术）、唱一唱（音乐）、讲一讲（英语）、写一写（书法）、读一读（拓展阅读）。通过学科间的沟通与课内外的衔接，让学生在进一步发展学科核心素养的同时，不断提升综合素养。需要强调的是：这种"沟通"与"衔接"，要有选择和明确目的，也就是首先要为学生更好地理解、积累和运用语言服务，为提升学生语文核心素养服务；要避免不择轻重，形成多学科教学的"大杂烩"。

如教学第8册《古诗三首》中的《宿新市徐公店（其二）》或《夏日田园杂兴（其七）》：在"解诗题→诵诗句→知诗意"的过程中，适时地启发学生想象和建构诗句描绘的画面，或以简笔画形式画一画脑中呈现的画面；于"品诗情→悟诗法"的基础上，鼓励学生一边欣赏优美的画面，一边伴着出示曲谱的音乐唱一唱，用英语读一读或讲一讲。然后，激发学生按照前面的学诗步骤，自读1~2首杨万里的其他儿童诗（或是范成大《夏日田园杂兴》中的其他诗作），并通过比较的手段，领会所学诗篇在内容、情感、表达方面的关联点。最后，激励学生从所学诗作中任选一首，书写一份条幅或扇面形式的硬笔书法作品。这样，让学生既读得更多，理解与记忆得更深，学得更活更实，又发展了想象、构思、审美、表达等多方面的能力。

（三）加强作业设计

为更好贯彻北京市《课程计划》"要在课内留有作业时间"，而且"低年级不得布置课外作业"，"其他年级书面形式课外作业一周布置一次"①的精神，小学中高年级每周一次的语文课外书面作业，不论内容还是形式，尚需结合课堂所学，加强筹划设计，以使作业更有实效。

1. 布置观察欣赏类作业

即，让学生结合所读课文，留心观察身边人物或觉得新奇有趣的事物，观看指定的电影、戏剧……而后以日记、评述、观后感等形式，记述自己观察欣赏所得。

2. 设计走访调查类作业

即，引领学生针对所学内容，制订计划，亲自走访或实地参观、调查、考察……然后以访谈、参观小记、调查（考察）小报告、宣传书、倡议书等形式，表达自己的见闻感受与观点态度。

3. 安排阅读赏读类作业

即，激发学生围绕课文，进行同一题材、体裁、作者的拓展性阅读；借助即将到来的传统节日、校内外重大活动等，开展主题阅读、专题阅读……并且及时摘抄、仿写精彩落段，记录读后的心得体会，撰写读书报告。

---

① 《北京市实施教育部〈义务教育课程设置实验方案〉的课程计划（修订）》（简称《课程计划》）（京教基二〔2015〕12号）

4. 设置实践体验类作业

即，启迪学生联系课内外阅读材料，栽培植物，饲养小动物，直接参与适合的、力所能及的社会实践，及时记载实践中的发现、认识与体验。

5. 鼓励创意构想类作业

即，引导学生参照所读资料，绘制图画、连环画，编制绘本，编写歌词、快板、相声，改编剧本，续写故事，创作小说，设计实验……为后续活动预作蓝本。

6. 增设收集整理类作业

即，引导学生定期收集平日各类书面练习中经认真修正的错例，按时整理日常查阅的各主（专）题图文资料，分学期梳理和完善主要习作（包括日记、读书笔记等）……随后拟定标题、添加目录、编写序言、配置插图，分别结集成册。

总之，要尽可能使每周一次的语文课外书面作业，变得不但具有综合性、开放性、趣味性，而且富有实践性、合作性、探究性。以如此创新性作业，在实现"课程边界的'穿越'""课堂边界的'穿越'""资源边界的'穿越'"①的学科实践活动中，丰富学生实际获得，提升学生语文素养，增强学科课程的育人性，并为而后课堂上的朗诵演讲、擂台辩论、说唱表演、评比表彰等学科实践活动，做好准备。凡抄写生字新词、背诵积累语段、书面归纳概括、用词造句写话、仿写续写练习等单项基础性作业，都应在课内完成。

---

① 《北京市教育委员会关于做好 2015—2016 学年度基础教育课程教材改革实验工作的意见》（京教基二 [2015] 17 号）

第四节　让学科实践活动更有实效

如何更好地落实和体现《北京市中小学语文学科教学改进意见》和《北京市实施教育部〈义务教育课程设置实验方案〉的课程计划（修订）》精神，使语文学科实践活动课程更有实效？怎样让学生不单是"走出去"了，还要"走进去"，确有实践所得，而且有丰富的实际获得？我想，如下几方面事项，应该引起广大语文教师的足够重视。

一、深刻认识学科实践活动课程

为推进语文教学方式转变，加强开放性学习，密切学科教学和社会实践的联系，《北京市中小学语文学科教学改进意见》要求"将不低于10%的课时用于以语文应用为主的综合实践活动"，以更好地发展学生的听说读写能力。为深化教育领域综合改革，切实解决基础教育中存在的深层次问题，《北京市实施教育部〈义务教育课程设置实验方案〉的课程计划（修订）》又继而补充强调指出，"各学科平均应有不低于10%的学时用于开设学科实践活动课程，在内容上可以某一学科内容为主，开设学科实践活动，也可综合多个学科内容，开设跨学科综合实践活动"。如上文件表述清楚地告诉我们：这种课程的上位概念是"学科实践活动课程"。就语文学科而言，它主要包括以语文应用为主的"学科实践活动"和综合多个学科内容的"跨学科综合实践活动"这两种形式。此类课程的载体是实践活动，实践活动的特点是具有综合性和开放性。

当下，对于为何要开设"学科实践活动课程"的重大意义，广大教师普遍认同并高度重视。然而，对于10%的"学科实践活动课程"与那90%的"学科基础课程"两者的关系，以及"学科实践活动"与"跨学科综合实践活动"的关联，教师们认识上还有歧异，因此在某种程度上影响了学科实践活动课程的质量和效果。

(一) 全面认识"10%"与"90%"的关系

说到10%的"学科实践活动课程"与那90%的"学科基础课程"两者的关系——有人讲：这10%的课程是那90%的课程的延续和发展。也有人认为：两者为从属关系，前者是途径或策略，后者是目标，即要以这10%的课程去撬动并提升那90%的课程质量。而依笔者看来，将上述的认识、观点综合起来才更全面。

为什么呢？这10%的"学科实践活动课程"是建立在那90%的"学科基础课程"之上的。其根本目的是让学生运用课堂所学的事实性知识、概念性知识、程序性知识、元认知知识，以及观察、比较、检索、分析等解决问题的方法，在真实的情境与客观的环境中，于自主、合作、探究的开放性实践活动中，解决问题，锻炼能力，增强本领，丰富体验，陶冶情操，提升学科素养和综合修养。

与此同时，这10%的"学科实践活动课程"也自然会反作用于那90%的"学科基础课程"，势必会以巨大的动力，推进学科基础课程的改革，推动传统教与学方式的转变，倒逼课堂教学务必重视问题的真实性、目标的明确性、过程的实践性、知识的系统性、方法的多样性、思维的缜密性……这是在意料之中的，也是我们热切的愿望。

简而言之，这10%的"学科实践活动课程"，既是"学科基础课程"的延续和发展，也一定会带动"学科基础课程"的改革与创新。正像《学记》中所讲："不学操缦，不能安弦；不学博依，不能安诗；不学杂服，不能安礼。不兴其艺，不能乐学。"即，课外不习杂乐，课内就学不好琴瑟；课外不习音律，课内就学不好诗文；课外不习洒扫应对的知识，课内就学不好礼仪。总之，如果不关注课外技艺，学生就不可能乐于对待所学的正课。

(二) 准确认识"学科"与"综合"的关联

论及以语文应用为主的"学科实践活动"与"跨学科综合实践活动"两者的关联——有人说：越是关注学科本位，越不容易突显综合实践活动特点；关注了语文素养发展的实践活动，那就不是综合实践活动了。也有人讲：应模糊学科边界，要淡化以语文应用为主的"学科实践活动"，将"跨学科综合实践活动"置于主体地位……显然，这些认识都是将"学科实践活动"与"跨学科综合实践活动"两者割裂和对立起来。

这是为什么呢？没有学科实践活动，便没有跨学科的综合实践活动，因为前者是后者的重要组成部分。更何况，这两种实践活动形式都是具有综合性的，只是前者关注的是学科内部的综合性，后者强调的是多学科的综合性。不管是以语文应用为主的"学科实践活动"，还是"跨学科综合实践活动"，事实上都会含有发挥主导作用的学科。不论哪种形式，实践活动的最终目的只有一个——那就是促进学生的发展，评价标准也只有一个——那就是学生的实际获得。学科的边界要穿越，也可以模糊，但学科的基本特点不应模糊，学科的核心素养更不应被模糊。学科特点越突出，学科核心素养的发展程度就越接近预期，学生的实际获得就越丰富，综合实践活动的效果就越显著。对于每个学生来说，各学科核心素养发展了，综合素养自然也就提升了。正因如此，北京市教委李奕副主任才强调——学校的主题实践活动，要与各学科携手共进，尤其要与学科关联，回归学科。

就说小学三年级的《小故事·大道理》这一跨学科综合实践活动："欣赏原版故事《龟兔赛跑》插图→（自愿结组）展开想象创绘图画→（自制头饰）排练和表演创绘的故事"。显然，该实践活动融入了美术、劳技（手工）、语文（口语交际）等学科因素，锻炼了学生想象、绘画、制作、口语表达等能力，弘扬了小组合作精神，突显了寓教于乐的施教原则。

当然，如若把其中"欣赏原版故事插图"这一环节，换作组织"班级主题阅读（学生想读的童话寓言故事集）→（自愿结组）精选并改编故事"，于此基础上，"展开想象创绘图画→（自制头饰）排练和表演创绘的故事"。这样，使上述"跨学科综合实践活动"成为以语文为主且成系列的"学科综合实践活动"，效果岂不更好？在知识与能力、过程与方法、情感态度与价值观等多方面，学生的实际获得岂不更丰富？

(三) 正确认识"结果"与"过程"的意义

谈及实践活动"过程"与"结果"的意义,有教师讲:不论"学科实践活动"还是"跨学科综合实践活动"——实践的结果并不是重要的,重要的是实践过程;不论实践过程还是学生综合素养,知识不是重要的,重要的是学生获取知识的方法、策略和能力。

说这话的教师,创新勇气与态度着实令人敬重,然则认识却偏执一端。试想啊:既然"结果"并不重要,那么承载这结果的"过程"还有何意义?既然"知识"不重要,获取知识的方法和能力才重要,那么这方法和能力又是为的什么——还不是为了获取更多的知识?人与人的区别,主要还是阅读量和阅读面的区别,经历与经验丰富程度的区别——说到底,还是知识系统性的区别。因此,"结果重要,过程同样重要,不能只关注结果而忽视实践过程";"知识重要,掌握获取知识的方法和能力同样重要,不能只在意知识而忽略获取知识的方法和能力"——这才是我们应持的正确观点和教学理念。

如小学五年级的《多彩密云》主题综合实践活动的展示环节,学生在教师的指引下,经过课前广泛的阅读,多方的检索,深入的访谈,精心的绘画、制作、创编、排演:"红色密云"组在背景音乐的烘衬下,借着(图画夹照片的)图文并茂的绘本,动情讲述发生在密云大地上那可歌可泣的英雄故事——《民族英雄戚继光》《抗日英雄任永海》《英雄母亲邓玉芬》。"蓝色密云"组借助连环画(历史照片夹图画)和饱含真情的解说词,从潮白两河贻害京津,讲到密云政府组织库区5万百姓搬离故土并全部自行安置;从修建水库时宏大感人的场景、先进人物事迹,讲到今日密云水库在养殖、发电,尤其是在首都供水、涵养生态诸方面发挥的极其重大的作用。"特色密云"组以幽默小品《密云特产争宠记》表演的方式,生动介绍水库鲤鱼、黄土坎鸭梨、"渔阳三烧(烧肉、烧酒、烧饼)"等密云著名特产和相关典故。台上真情投入、精彩纷呈,台下聚精会神、发问补充……

通观整个实践活动,学生既弥补了从前不曾知晓的众多知识,又拓展了获取知识的途径，锻炼了求知和探究的能力；既发展了语文、艺术、现代信息技术等诸多方面的核心素养，又从内心深处生成了赞叹家乡、热爱家乡和要更好建设家乡的思想感情……而这一切，不正是我们于此次主题综合实践活动中，所希冀的效果吗？

二、用心选定实践活动课程主题

学科实践活动或跨学科综合实践活动的主题，这里也可以称其为"专题"或"课题"。它直接关乎着此次实践活动的主要内容与核心意义，关系着整个实践活动的价值判断以及学生的实际获得，因此非深入考虑、反复推敲、用心选定不可。

（一）贴近学生认知水平和行为本真

选定实践活动主题，要遵循最近发展区理论，贴近学生的认知水平和行为本真。这是最基本的要求与标准。否则，实践活动不是缺少了吸引力、感召力，就是成为了远离学生行为实际的"空中楼阁"。

如小学四年级以"孝"为主题的学科实践活动："说说为什么要行孝→讲述父爱母爱故事→在《感恩卡》上表达各人对父母的爱→分享古人尽孝的故事"。很显然，活动的主要环节是"感受爱"和"表达爱"，它与此次实践活动主题是不相吻合的。这当中，有活动设计方面的问题，更与选定的主题失当有直接关联。

"孝道"是华夏传统文化的精髓，是儒家伦理思想的核心，是千百年来中国社会维系家庭关系的道德准则，是中华民族的传统美德。其内涵丰富且深刻，不是小学中年级学生所能认识和分辨的；其中需要继续传承和大力弘扬的孝敬父母长辈的优秀美德，也不是一名小学中年级学生所能践行的。因为偶尔给父母洗次脚、送个生日小礼物、蒸锅米饭，这还远称不上"孝"。从宏观的角度看，依照循序渐进的施教原则，把"孝道"主题实践活动化解为以"感受爱·表达爱""感受爱·奉献爱""感受孝·践行孝"为具体主题的系列实践活动，分别贯穿于小学第二学段、第三学段和初高中阶段才好。

（二）结合实际生活和学生主观需要

结合学生实际生活的客观需要，学生学习和发展的主观需要，去选定活动主题，这样的学科实践活动课程，意义才重大。学生呢，不但会积极主动、全心竭力地参与其中，还会于此基础上自觉衍生出多种跟进式的实践活动，进而促进他们的全面发展。如果不是这样，实践活动效果肯定会是大打折扣的。

如小学三年级的《废物制品"大伽秀"》主题实践活动：①用身边废品制作有用物品，撰写推销广告词。②交流各自的创意与制作过程。③在班级"跳蚤市场"推销自己的物品，并用"特制钱币"进行交易，比一比谁推销得多。④（部分）学生着废物"特制服装"走秀表演。⑤动笔记述制作、推销、表演（或观看表演）的过程与内心感受。⑥结合"交易"和"表演"的场景，制作连环画绘本。

上述主题实践活动，的确让人感受到设计者的精心与智慧——不但实现了手工制作、图画绘制、语用表达的有机融通，而且把"语文应用"练习贯穿在了整个实践活动的始末，突出了学科综合实践活动特点；不但发展了学生的想象、制作、绘画、表达、创新等能力，在某种程度上也增强了他们的废物利用意识。然而，其中的问题也是显而易见的。

为什么呢？资源的再利用，这确是一个重要的研究领域，重大的研究课题，但它是不是小学生们应需要思考、学习和实践的？笔者对此还持保守观点。再有，时下确有些高校学生自发摆起了"跳蚤市场"，而这以获利为主要目的的个人交易活动该不该出现在义务教育，尤其是小学教育阶段？我看还有待研究。更何况交易用废品制成的物品，对学生长远发展是含有副作用的……总之，情境创设是必要的，但必须是真实的，是需要紧密联系学生学习和生活实际，并有助于学生全面发展和长远发展的。而如上这诸多需进一步思考的问题，均与此次实践活动所选定的主题有关。

（三）充分发掘和利用身边优质资源

家庭、学校、社区……学生每日生活与学习的各种环境中，有取之不尽的实践活动资源。充分发掘和利用学生身边那些优秀资源，就能够开展紧密联系实际、内容鲜活丰富、富有地域特点的学科实践活动。这便提示我们：要着眼身边资源、地域资源，关注学生的实际问题和发展需求。无须舍近求远——组织乡村学生了解城区建设成就，带领郊区学生考察京城胡同文化；尽可能减少那些可有可无的异地实践活动。

那是秋末冬初季节，我们集体视导区域内的一所山区小学。走进校园，只见院内一棵棵大柿树上依然缀着累累红灯笼般的果实，那景象煞是壮观诱人。这时，该校有位手持着厚厚一沓零块纸币的六年级语文教师，向我们热情地打招呼。我们问她："怎么拿着这么多零钱？""这是我班可以自主支配的活动经费，是班内各小组成员周六日到集市上卖柿子得来的钱！"

通过详细交谈，我们了解到：这所学校的高年级教研组，经由学校同意，正在开展着以"摘柿子和卖柿子"为核心内容，以丰富学生实践体验、发展学生综合能力为目标的学科综合实践活动：①组织撰写《摘柿子活动公约》→②自愿结组采摘柿子→③按结成的小组到村镇集市去卖柿子→④回来后动笔记述《卖柿子的经历与感触》→⑤举办论坛"卖柿子的亲身经历与真切感触"→⑥编订班级专题文集，并请校报发表实践活动专页。

这是多么有创意的实践活动啊！在这样充满趣味性，富有地域性，助力学生全面发展，践行最近发展区理论的实践活动中，学生不但丰富了极其宝贵的生活和学习阅历，锻炼了撰写各种文体的习作能力，增强了交际和演讲的本领，也一定会享受到实践活动带给自己的无限快乐。

三、顶层设计学科实践活动过程

学科综合实践活动课程，与学科基础性课程比较，涉及内容更宽泛，活动空域更广阔，学生自主性更强。正因如此，就更需要我们加强顶层设计，以确保和实现学科综合实践活动效益的最大化。

（一）围绕核心主题设计系列实践活动

时下有些学校，不论是从低到高的各学段所开展的实践活动，还是每个年级于整个学期中所开展的那 15 次校内外实践活动，大多还呈孤立状态，属于碎片化的活动。即，各学段之间的实践活动缺少内在关联，每个年级开展的历次实践活动缺少内在关联，校级实践活动与市、区级实践活动缺少内在关联……这在一定程度上影响了实践活动的整体效果。改进的方法，就是要围绕核心主题，去整体设计贯穿各个学段而且纵横有序的系列实践活动，并加强实践活动结束后的跟踪性活动项目设计，使前后形成系统的、有结构的"实践活动网链"。

例如，围绕"我爱我家"这一核心主题，学校低、中、高各学段，则可分别开展以"我爱我的小家""我爱我的大家""我爱我的国家"为具体主题的学科实践活动。这样，使各学段的实践活动既紧扣一个统领性的主题，又在遵从学生已有认知水平前提下呈纵向且有序地展开。这其中：

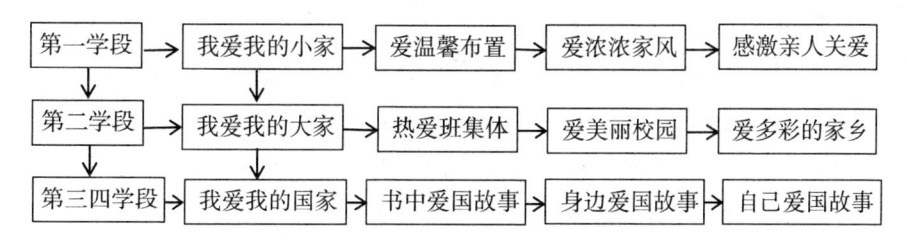

```
第一学段 → 我爱我的小家 → 爱温馨布置 → 爱浓浓家风 → 感激亲人关爱
    ↓          ↓
第二学段 → 我爱我的大家 → 热爱班集体 → 爱美丽校园 → 爱多彩的家乡
    ↓          ↓
第三四学段 → 我爱我的国家 → 书中爱国故事 → 身边爱国故事 → 自己爱国故事
```

第一学段围绕"我爱我的小家"这一具体主题，就可先后开展"我爱我家的温馨布置""我爱我家的浓浓家风""感激亲人无微不至的关爱"等系列学科综合实践活动。这样，在培养学生观察、感受、会话、表达能力的同时，让学生学会感受爱，并且懂得要继承和弘扬良好的家风。

第二学段围绕"我爱我的大家"这一主题，便可依次开展"我爱我的班集体""我爱我的学校""我爱我的家乡（社区、街道、城市）"等系列学科综合实践活动。这样，在发展学生观察、感受、交往、表达等能力，扩大学生认知视野的同时，让学生学会沟通、合作、处事、攻坚克难。

第三、四学段围绕"我爱我的国家"这一主题，又可相继开展"讲述书中爱国的人和事""描述身边爱国的人和事""记述自己爱国的故事""不忘祖国辉煌历史""铭记近代百年屈辱""讴歌新中国伟大成就"等系列学科综合实践活动。这样，在提升学生观察、感受、查阅、整理、表达等能力，使学生不断萌生和迸发爱国之情的同时，让学生从心底感受并且认识到——爱国的人就在身边，爱国的故事就发生在近前；爱国要见诸实际行动，要从我做起，从点滴小事做起，从现在做起。

如此的主题系列实践活动——指向明确，内容集中；纵向延伸有序，横向拓展落实；不求规模但有规模，讲求实效也更有实效；思想情感与知识能力相融，学科素养与综合素养共生。持之以恒，学校的主题系列实践活动，自然发展和丰富为主题实践活动体系，进而形成具有学校鲜明特色的学科实践活动整体课程。

（二）把观察、阅读、表达融于活动始末

既然实践活动课程是学科基础课程的延续和发展，那就需要我们把组织认真的观（考）察和体验、广泛的阅读和检索、细心的整理与精彩的语用表达，融于主题系列实践活动过程始末，确保实践活动的每个环节都精彩纷呈。此外，不光学科综合实践活动要这样，跨学科的综合实践活动同样也应重视这些方面的设计与要求。

如"我爱美丽校园"主题实践活动，学生借助摄影、PPT、iPad等现代信息技术介绍美丽校园中的崭新建筑环节——在忽视访谈、检索、整理、语用表达的情况下，他们只会一边展示着精美的图片，一边用简单、重复、缺少感染力的语言介绍道："这是学校的'明德楼'"；"这是学校的'知行楼'"；"这是学校的'华韵堂'"……

而在重视访谈、检索、整理和精心设计语用表达的前提下，学生便随着播放精美的图片，娓娓地讲述美丽校园中的崭新建筑，以及学校先进的教育理念，连同个人的感受、理解与认识：

"这是校园中明净亮丽的'明德楼'，教师办公和各个专室都在这里。'明德'二字时时提醒着我们，要从小学习做人，尽早养成并努力光大传统的优秀品德……穿过走廊，便来到了笑语欢声的'知行楼'。这是我们读书、学习、探究的场所。'知行'二字每时每刻无不激发着我们,要把求知与践行结合起来,在知中行、行中知,继而不断丰富个人的学识,不断增强自身的本领……'知行楼'的左前方就是壮丽恢宏的'华韵堂',是我们展示才艺和学习成果的地方。'华韵'二字深深寄寓着全体教师对我们的殷切希望,期盼我们的未来光华照人、风韵多姿。"

很显然,较之前者,后者不只是介绍得连贯、清楚、具体,有内容、认识和感受,还有学生为此于广泛查阅、多方走访、深刻理解、用心表达等方面,所投入的更大努力,以及努力过程中的发展和提高。

当然,在组织开展丰富多彩的综合实践活动的同时,若能高度重视全科参与、全员行动的精品阅读和系统阅读工程,充分认识它对促进学生全面发展和终身发展的重大意义,那更好。借整体规划又扎扎实实的精品阅读、系统阅读,确保并提升综合实践活动质量;又以综合实践活动带动和促进学生进行更加主动和深入的阅读,使精品系统阅读与综合实践成为促进学生茁壮成长,来日展翅翱翔的"双翼"。不因重视综合实践活动,而忽视或冷漠精品系统阅读这项引领性且对学生终身发展影响深远的工程。因为没有精品系统阅读连同不断反思、及时深刻总结支持的综合实践活动,是低效的、短效的。

就说"忆光辉岁月,悟长征精神"主题综合实践活动,先激发学生重点阅读《地球上的红飘带》《历史选择了毛泽东》《长征回忆录》等精品书籍,再组织学生参观"中国工农红军长征胜利80周年纪念馆",激励学生重走长征路……学生便会真的走近长征,深切感受长征的伟大精神。

(三)莫让实践活动成为家校代办课程

学科实践活动课程具有开放性,富有探究性,需要教师和学生家长的积极参与。然而,作为教师,只应以激励、引导为己任,致力于激励和引导学生自主实践、合作攻关,发挥能动性和创造性,而不能包办;作为校方,期望得到家长的理解和支持,但不能等靠家长,使学科实践活动课程成为学生家长一手代办的作业。

例如，开展以"我爱我的学校"为主题的学科实践活动，大致可分为"感受爱""表达爱""展现爱"三个阶段。在"感受爱"阶段，教师需着力启发学生展开感受的内容和领域，包括爱学校优美的环境景色，爱学校浓厚的教育氛围，爱学校中自己敬重的老师、交好的同伴、亲如一家的班集体……为让学生更加深切地感受其中的爱意，教师还需引导学生合理结组，并在观察体验、绘画摄影、追踪访谈、查阅和整理资料等方面，给予方法和技术要领的支持。

在"表达爱"阶段，教师要启迪学生或各小组，依据感受到的内容去选择和确定可行、能行且适当的呈现方式——或（图画、照片）绘本讲述，或视频解说；或朗诵、演讲、歌唱，或短剧、相声、快板表演。接下来，于学生选定某种呈现方式、尝试语用设计且遇到困难时，教师又需及时提供或帮助他们查找样本，进而引领学生掌握该种呈现方式的主要特点、语用设计的学段要求与基本方法，并给予学生足够的创作和反复修改润色的时间。

在"展现爱"阶段，教师不仅要在个体作品的合成、制作、呈现、表演等方面给予技术上的指导，还要对整个展示过程的设计、现场的布置、角色的化装等细节给予关注。

总之，在这整个的学科主题实践活动中，教师的作用是多方面的，投入的精力是巨大的。只是教师要时时把握角色定位，充分发挥团队的智慧，努力彰显学生的主动性、创造性，不包办，不推诿，莫让每次的学科实践活动课程成为教师和学生家长一手代办完成的课程。

第五节　以综合测试助力学生发展

不论是针对章节或单元内容过程性的，还是期中或期末总结性的，过去叫作"测验""检测""考试"，现在称作"练习""质量评价""学业水平测试"等。我们这里暂且统一称之为"学业水平综合测试"。名称的改变，折射出教育者随着课改实验进程的不断深入，对测试目的、功能、意义等认识上的重大转变。即，去除"淘汰"目的，淡化"选拔"功能；彰显"检验达标"作用，增强"激励自信"效能，发挥"助力课改"功效。

综合测试，因其内容的综合性——衔接课内外、沟通多学科，过程的实践性——阅读与表达融通、积累与运用关联，所以我们完全可以把它看作以班级为单位的、在教室内进行的、具有独立性和限时性的"学科综合实践活动"。为更好发挥综合测试在促进学生发展、推进课程改革实验等多方面的功用，单就小学语文学科而言，我想在总体设计和编拟测试内容的过程中，务须统筹考虑如下几个具体问题。

一、统筹设计测试作答的时限

之所以要把这个问题首先提出来，是因为它属于前摄性因素，关乎着整张试卷的题量以及学生的身心健康、长远发展。

以往为了整齐划一，测试卷的作答时限只有两个：一、二年级为100分钟，三至六年级为120分钟。因此，导致一二年级尤其是初入学的新生，在测试开始不久的教室里，就坐不稳、写不安，不是说笑打闹，就是在地上四处爬行，让监测教师无可奈何、急恼不得。

这完全不怪学生，因为这个年龄段的孩子，保持有意注意的时间一般只是10~15分钟；非要他们稳坐100分钟，还要聚精会神，这无异于是关他们的"禁闭"。从一入学就让学生从内心感受到测试是一种难挨的"痛苦"，没有丝毫趣味，这对学生以后的学习和发展，是非常有害的。

目前，这种情形有所改进，但仍有待于进一步完善。怎样完善呢？首先是要依据各学段小学生有意注意和无意注意的特点，再者就是要对接中考和高考——让测试成为一件轻松快乐、富有情趣、不断增强学生自信的学科综合实践活动。比较下表中的两种测试时限设计，依我看，显然第二种更趋于科学，更贴近各年级（段）学生的身心特点。各年级测试的时限合理了，题量和测试的内容及方式也就容易确定了。

试卷总分	第一种时限设计		第二种时限计	
	学段	测试时限（分钟）	年级	测试时限（分钟）
100	第一学段（一二年级）	80	一	40
			二	60
	第二学段（三四年级）	100	三	80
			四	100
	第三学段（五六年级）	120	五至六	120
120	第四学段（七至九年级）	150	中考	150
150	第五学段（十至十二年级）	150	高考	150

二、着力优化内容结构与权重

过去，整张试卷的测试内容一般分为"基础知识"（含字、词、句、标点、查字典）、"阅读积累"（含阅读理解、语言诗文积累）和"语用表达"（含口语交际、写话或习作、综合实践）三部分内容。各年级试卷，这三部分测试内容的权重分别如下表。

年级	基础知识（%）	阅读积累（%）	语用表达（%）	合计（%）
一	60	30	10	100
二	50	35	15	100
三	40	40	20	100
四	30	45	25	100
五至六	25	45	30	100

从表中不难看出，测试内容结构与权重设计的特点，是随着学生年级逐步升高："基础知识"部分的权重逐渐降低，而"阅读积累"与"语用

表达"两部分的权重则逐渐增大；最终，与北京市教委编制的小学毕业考试《语文考试说明》中的结构权重相吻合。这是合理的，是符合各学段学习重点和学生认知发展规律的。当然，现在看来，其中的问题也是明显的，或说是严重的。那就是"基础知识"和运用割裂，"阅读理解""语汇诗文积累"和语用脱节。

孤立的"基础知识"和纯粹的"语汇诗文积累"是无大用的。它只有与运用结为一体——如在具体语言环境中确定多音多义字的读音和释义，修改错别字，运用学过的有新鲜感的词句，练习正确搭配使用词语，运用积累的谚语警句、诗词曲赋……——才是有用的、有生命力的活的知识。

再说"阅读理解"，于检验学生"整体感知内容→获取所需信息→形成正确解释→做出情感及方法评价→实际运用和解决问题"的同时，还须关注语用方面的评定。换言之，不仅要测试学生阅读理解得是否正确、深刻、全面，还需有评价学生语言表述得是否完整、通顺、连贯的要求。总之，把"阅读理解"跟语言文字运用融合为一，这才是全面的，才有助于考查和发展学生的语文核心素养。说到"语用表达"部分，就是学业水平综合测试，也要强调观察和体验、联想和想象，并且要紧密联系学生各自生活经历……

所以归纳如上的考虑，笔者觉得各年级的综合测试试卷皆应采用如下的内容结构与权重比例设计——把基础知识、语汇诗文积累和实际运用相融，阅读理解和语言文字应用相连，观察体验、再现生活和语用表达相接；在重视"知识·积累·运用"的前提下，随着学生年级不断升高，逐步增大"阅读·理解·语用"和"观察·联想·表达"两部分的权重——让综合测试更科学，更有助于学生形成和发展语文能力。

年级	知识·积累·运用（%）	阅读·理解·语用（%）	观察·联想·表达（%）	合计（%）
一	70	20	10	100
二	60	25	15	100
三	50	30	20	100
四	40	35	25	100
五至六	30	40	30	100

三、竭力密切各部分内在关联

先前的测试试卷，测试内容多属碎片化的，各部分之间是缺少联系的，题目之间是相互孤立的。其中的"阅读理解"部分，尤其轻视不同阅读材料之间于核心话题、结构顺序、表达方法、语言特点等方面的关联，更忽视"阅读理解"和"语用表达"两方面的联结。结果呢，不但弱化了测试内容的整体效益，而且严重影响了学生阅读感受与真情表达的质量。

如何在达成测试目标的同时，追求测试效益的最大化呢？我想重要的途径和策略就是密切测试卷中各部分内容之间的内在关联。具体地讲就是：密切"知识·积累·运用"与"阅读·理解·语用"及"观察·联想·表达"这三部分的关系——让第一、二部分的测试内容与要求分别为第三部分的测试内容，提示语用方面的要求，提供表达方面的素材和情感积淀。

这当中，尤其要加强第二部分内不同阅读材料之间的关联，使所选择的阅读文段于紧扣课标、贴近学情、覆盖不同内容和文体的前提下，形成"群文阅读"或"主题阅读"单元；尤其要密切第二、三部分的关联，让"阅读·理解·语用"从内容、情感、结构、方法、语言等多方面，为学生随后的自主、真情、精彩的表达，提供有力支持。此外，还需努力实现各个阶段测试内容的关联，使前后的测试内容与课本及其他学习资源一起，共同铺就一条促进学生优质、健康发展的语文之路。

例如，结合年段教学目标、所用教材和具体学情：小学四年级第一学期期末学业水平综合测试，以"孝老敬亲"为核心话题，设计和编制阅读、表达这两部分内容，并把"阅读·理解·语用"部分中的品味词语、理析脉络、把握大意、体会情感、初步领悟立意之法，和"观察·联想·表达"部分的测试内容及具体要求，贯通起来。于此基础上，第二学期期末综合测试，以"学习自立自强"为核心话题，统领阅读和表达两部分测试内容，进一步把"阅读·理解·语用"中的解析词语、划分结构、品情悟理、领悟作者立意之法，和"观察·联想·表达"联结起来。

这样，就使得每张试卷的测试内容，成为了紧密衔接课本的一个个读写综合实践单元；测试的过程，也就成为了学生一次次难忘的学科综合实践活动经历，以及学生全面发展和长远发展路上一段段重要的自我教育实践历程。

第一学期小学四年级语文期末学业综合测试试卷

阅读·理解·语用	观察·联想·表达
阅读材料一：《三个儿子》 1. 结合句子选择恰当的词语，画"∨"。（聪明—智慧、特别—特长） 2. 把下面的话分别填写在短文中的横线上。 ①一位老爷爷坐在旁边的石头上休息。 ②老爷爷跟在她们后边慢慢地走着。 3. 明明有三个儿子，可爷爷的眼中却只有一个儿子，这是因为_____。 阅读材料二：《一人一半》 　1. 第3自然段中"合不拢嘴"一词，与第1自然段用词重复，可以换成"_____"。 　2. 短文结尾写妈妈的心里"比吃了这瓣橘子还甜"。妈妈心里甜的是_____。 　3. 比较《三个儿子》和《一人一半》，想想它们在内容和写法上，有哪些相同或相近之处，写下来。 | 短文题目	两篇短文相同或相近之处
《三个儿子》	①在内容上，讲的都是_____的事。
《一人一半》	②在写法上，主要都是通过记述_____来表达子女孝敬母亲的。| 4. 结合如下"材料链接"，写一句自己想说的话。 有人说："具有仁爱之心，是做人的底线。" 有人说："做人，要先自爱自敬，而后爱人敬人。" 有人说："爱人敬人，要从孝敬自己的亲人做起。" 我想说：_____	习作一： 　　中国的传统节日——春节，就要到了。此刻，你对父母或祖辈有怎样的祝愿，又有什么心里话想表达？请你以书信格式写下来。 习作二： 　　前面读过了《三个儿子》《一人一半》这两篇短文，你自然会想到自己。你的家里、邻居，或在你的身上，也一定发生过许多敬老爱亲的故事。先回忆一下，然后选取一件印象最深最受感动的事，写下来。 　　要求：把事情的经过与内心的感受写清楚，正确使用学过的标点符号；写完后轻声读一读，运用修改符号认真改一改。

第二学期小学四年级语文期末学业综合测试试卷

阅读·理解·语用	观察·联想·表达
阅读材料一：一枕美梦 1. 联系句子或上下文，写出下列词语的意思。 苦不堪言—（　　） 雍容华贵—（　　） 2. 全文可分为哪三部分，用"△"在段首标出。 3. 这个寓言故事，让你懂得了什么？先想一想，然后完整、连贯地写在短文结尾的横线上。 阅读材料二：《"一滴"的成功》 1. 结合句子选出恰当的词语，画"√"。（简单—简练、注意—注视、用心—用力、完整—完美） 2. 这篇短文又让你懂得了什么？先想一想，再连贯地写在短文结尾的横线上。 3. 比较《一枕美梦》《"一滴"的成功》这两篇短文在内容上都是通过一件_____的事，来向我们讲述一个_____的道理。	习作一：任选下列其中一幅图画，仔细观察图意，思考从中受到的启发。然后清楚、连贯地写下来。 图1 图2 习作二：任选下面其中一个话题，按照要求写下来。 　　1. 不论是在街头巷尾看到的，还是在家庭、学校、外地亲身经历的，有些事总会让你久久难忘。就请你以"难忘的一件事"为题，把这件事的详细经过，连同内心的真实感受，写下来。 　　2. 每个人的心里都会有许多美好的希望。你最希望的是什么，为什么会有这样的希望，又打算为此付出怎样的努力？就请你以"我希望……"为题，写一篇短文。 　　要求：积极运用平时积累的有新鲜感的词句；正确使用学过的标点符号。写完后反复读一读，运用修改符号认真改一改。

四、助力发展学科核心素养

核心素养，即适应学生终身发展和社会发展所需要的必备品格与关键能力①。其中，必备的品格无疑当是学生应该具有的社会主义核心价值观；语文课程的关键能力无疑应是与学段目标相吻合的正确理解和运用祖国语言文字的能力。怎样让综合测试更有效地助力发展学生的核心素养呢？下面的这份小学五年级第一学期期末语文综合测试练习，给予我们诸多有益的启发。

第一部分　知识·积累·运用（30%）

一、画出每组词语中一个错误的读音，并把正确读音写在后面的括号里。（4%）

①孔隙（xì）　　清奇俊秀（jùn）　　大腹便便（biàn）　　（　　）
②勉强（qiáng）　枝折花落（shé）　　淡妆浓抹（mǒ）　　（　　）
③涨红（zhàng）　一叶扁舟（biǎn）　蹑手蹑脚（niè）　　（　　）
④的确（dí）　　颐和园（yí）　　　抑扬顿挫（cuò）　　（　　）

二、圈出每组词语中的一个错别字，再把正确的字写在后面的括号里。（4%）

①吉详　淘气　崭新　盎然春色　　　　（　　）
②喧华　狡猾　蜿蜒　夕阳西下　　　　（　　）
③错娱　拐杖　亲昵　豁然开朗　　　　（　　）
④年伶　新疆　侮辱　碧波荡漾　　　　（　　）

三、把画线句的意思用一个成语或四字词语来代替，使句子更简练、优美、有新鲜感。（4%）

1. 公园中，湖水伴着假山，倒映着假山上的亭台楼阁、鲜花绿草，真是美好的景致太多，一时看不过来了。（　　　　）

2. 操场上，同学们有的踢足球，有的打篮球，有的练习短跑冲

---

① 《中国学生发展核心素养》（征求意见稿）。

182

刺……那活跃、充满了旺盛的活力的场面真是让人激动。（　　　）

四、用修改符号修改段落，使句子更简明、通顺。（4%）

我爱自己的家，更可爱班集体这个大家庭。在我们的班级中，助人为乐的事接连不断、层出不穷。不管谁困难遇到了，周围的同学都会热情帮助。再有，主动与同学交换读书作文的快乐，已经成为浓浓的班风。

五、选择关联词语填空，使句子更通畅、连贯。（4%）

如果……就……　　　　因为……所以……

虽然……但是……　　　　不但……而且……

（　　）地球太可爱了，同时又太容易被破坏了，（　　）我们要精心地保护地球。（　　）地球的生态环境遭到破坏，它（　　）会给人类生存带来严重的威胁。

六、把标点符号补充完整，再写出这段话的出处。（4%）

人的一生应当这样度过：当回忆往事的时候，他不会因为虚度年华而悔恨，也不会因为碌碌无为而羞愧。在临死的时候他能够说我的整个生命和全部精力都已经献给了世界上最壮丽的事业

这段话出自《_____》一书。

七、运用学过的诗句、唱词或积累的谚语、歇后语，把句子补充完整。（6%）

1. 望见瀑布从万丈青山的绝壁上倾泻而下的壮观景象，让人不禁想起"_____，_____"的诗句。

2. 要成为祖国未来优秀的接班人，就要从自身做起，从现在做起，以身作则，严格要求自己。唱词中讲得好："_____人己一样，_____怎算得国家栋梁？"

3. 人不要做坏事，不然总有一天会被他人知道，正像谚语所说："_____。"

第二部分　阅读·理解·语用（40%）

八、阅读短文《孙悟空三打白骨精》（选自《西游记》第二十七回，有改动），完成后面各题。（17%）（短文略）

1. 用"～～～"画出孙悟空先后三"打"白骨精的句子。（3%）

2. 由题目和文中故事情节可知，全文是按照_____的顺序连段成篇的。（2%）

3. 把全文分为三部分，用"△"在段首标出，并写出第一部分的主要内容。（7%）

第一部分主要讲_____

4. 请你结合阅读后的感受，给孙悟空写一则颁奖词，可以是两三句话，也可以是两句小诗。（5%）

_____
_____

九、先阅读短文《红军师长陈树湘》（选自《地球的红飘带》第一部，有删减），再回答后面的问题。（23%）（短文略）

1. 本文主要讲述（谁）_____在长征路上的湘江战役中_____
_____的感人事迹。（6%）

2. 文章结尾一句（"老百姓说，共产党有这样的人，怎么会不成功呢？"）的意思是_____
_____。在表达上，这句话起到了_____的作用。（6%）

3. 给短文改换一个自己更满意的题目（限10个字以内），写在下面的横线上。（3%）

4. 短文中的哪些情节让你深受感动，感动什么？由此你又想到了什么，有什么新的打算？写下来。（8%）_____
_____

第三部分　观察·想象·表达（30%）

十、先观察图画，再把从图画中看到的、想象到的写下来。（10%）

十一、任选下面的一项内容，按要求完成习作。（20%）

内容一：本学期，学校或班级先后组织的校内外专题综合实践活动，肯定会给你留下一段段难以忘怀的印象。就请你自拟题目，任选其中一段难忘的经历，连同自己的实际收获、真实感受，清楚、具体地写下来给老师看。

内容二：请你自定题目，结合近期广泛阅读、精品共读过程中的切实收获与真切感受，写一篇发言稿，准备在班级"读书报告会"上交流。可以是好书推荐，也可以是读后感、读书方法心得等。

(一) 积极融入社会主义核心价值观

近年来，中高考一直秉承着"五个考出来"的指导思想——考出社会主义核心价值观；考出学生的课堂学习表现；考出学生的基础和积累；考出与课程目标相吻合的综合能力；考出学生的阅读水平。其中，把"考出社会主义核心价值观"一项放在了首位。这对小学各年段的学业水平综合测试，也有着重大的启迪意义。

"德育为先，能力为重，全面发展"① 的教育理念，应体现在课程改革的方方面面，当然也包括教学质量综合评价这一重要环节。因此，学业水平综合测试的各个板块内容，都该责无旁贷地承担起传播和培育"富强、民主、文明、和谐，自由、平等、公正、法制，爱国、敬业、诚信、

---

① 教育部2014年月30日《关于全面深化课程改革落实立德树人根本任务的意见》。

友善"① 这个社会主义核心价值观的重要任务,积极传递正能量。

对此,上面的测试练习内容,单是第一部分中的题目,就借助自拟的语段,以及重点推荐的精品共读书目中的精彩片段,在关注活用基础知识、锻炼语用能力、传承优秀文化的当儿,自然融入了热爱班集体、保护生态环境、确立正确的人生观、遵纪守法且严于律己等方面的思想道德教育。这样,就让"知识·积累·运用"部分的测试题目,同时肩负起了培育核心价值观的重任,让学生在语用实践中受到人文情感的无声浸润。

(二) 全力推进实践活动与阅读工程

既重视组织开展以语文应用为主的跨学科且丰富多彩的专题综合实践活动,又关注全员行动的精品共读和系统阅读工程;以专题综合实践活动带动学生进行更加主动和深入的精品共读、系统阅读,又借整体规划且扎扎实实的精品共读、系统阅读确保并提升专题综合实践活动质量——让专题综合实践活动与全员行动的精品共读、系统阅读,成为促进学生茁壮成长,来日展翅翱翔的"双翼",这是语文课程改革的大方向与总体趋势,也是发展学生语文核心素养,提高学生综合能力的重要途径。

具有综合性及实践性的学业水平测试,要准确把握学科课程改革的大方向,要率先融入语文课程改革的总体趋势之中,为深入推进实践活动与阅读工程服务,为学生尽快形成适应终身发展和社会发展所需要的必备品格与关键能力服务。

就说上列的测试练习内容:在引导广泛阅读、精品共读(《西游记》《地球的红飘带》《钢铁是怎样炼成的》)的前提下——选取书中的精彩章节、感人情节,让学生再次阅读体悟并完成其后的测试题目;激发学生结合阅读的切实收获与真切感受,自选内容写一篇读书报告。于精心组织开展系列性专题综合实践活动的基础上——激励学生任选其中一段难忘的经历,连同自己的实际收获、真实感受,清楚并且具体地写下来。这样,

---

① 中共北京市委办公厅关于印发《北京市中小学培育和践行社会主义核心价值观的实施意见》的通知。

在评定学生本应掌握的阅读和表达技能，考查学生综合实践活动与整本书阅读的真实收获，让学生进一步享受经典阅读带给自己的快乐，深切感受一心向党、顾全大局、宁死不屈的长征精神的同时，也势必会引发广大教师更高的改革热情，激励学生萌生更强的实践意愿和阅读期待，进而实现以综合测试评价推进课改、带动教与学方式转变的既定目标。

第六章

编创整本书课程建设

怎样将时下的小学语文课程改革实验进一步引向深入，让学生有更加丰富多彩的实际获得？如何最大幅度地发展学生的学科核心素养，让他们有金色的蓬蓬勃勃的韶光，有辉煌的风风光光的人生呢？从小学第三学段初始，引领学生编著自己的书，并使之成为习作教学乃至语文课程的重要组成部分，便是一条极具重要意义的途径。

祖国发展需要专业性、创新型、高素养的人才，语文基础教育当此重任，责无旁贷。而要培育和造就这样的人才，便要求我们须有开拓创新的思维，勇为人先的胆识，以及脚踏实地的行动。

第一节 结合广泛阅读引领编写

在以课堂教读为抓手，以广泛自主阅读为方向，以深入探索和不断完善"课本阅读为辅、整本书阅读为主"这一新的阅读体系建设为途径，进而助力学生全面发展和终身发展的同时，引领学生编写自己的书。如此，最大限度地提升学生的学科核心素养，全面发展学生的综合素养；让学生既享受语文带给自身的快乐，又鞭策他们以更高的热情去进行更加主动的阅读和编创。

一、依课本单元主题阅读带动编撰

几十年来,我们所使用的语文课本,都是单元编制——集多个篇目组成教学单元,连一个个教学单元形成全册教材,以此承载起学科课程标准赋予的学期教学任务;每个教学单元所选定的篇目,大多又是围绕着一个核心主题,并且是题材相同或相近的精品佳作。随着课程改革实验不断深入,语文教材建设的这一特点会更加突出;编写的语文课本会更加关注学科核心素养,更加重视序列性、系统性的阅读实践及语用技能训练,更加突显"立德树人"的教育功能。这就为我们充分利用(或重组)单元教学篇目,践行主题或专题阅读教学,进而带动学生从事主题引领下的系列编撰,提供了充分的可能性。大致流程如下:

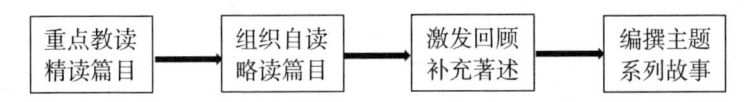

重点教读精读篇目 → 组织自读略读篇目 → 激发回顾补充著述 → 编撰主题系列故事

例如,依北京市义务教育课程改革实验教材第11册课本第3单元《顶碗少年》《"钢琴之王"的微笑》《金色花*》《百合花开*》这组篇目——通过讲述人物故事,在赞美人物精神品质的同时,阐释发人深省的道理;凭借描述身边熟悉的事物,阐发自己的所感所悟,寄寓自身的成长历程与人生追求:教学实践中,就可以教读其中的两篇精读课文,启发自读后两篇略读课文。继而,激发学生通过回顾与整理、采访与记述、观察与描述等,真情著述由系列人物故事、观察随笔连缀而成的书籍——《身边的感人故事》。

又如,对于北京市义务教育课程改革实验教材第11册第5单元《珍珠鸟》《小狗与大画家》《卖火柴的小女孩*》《猎鹰*》这组篇目来说,显然只有《卖火柴的小女孩*》一文是另类。为此,就可以把这篇主要描述人物悲惨命运的童话故事也改换成记述发生在动物身上或人与动物之间的生动故事,如与这册教材配套的《语文读本》中张薇女士的《一只狗与一双手》,梁晓声先生的《雪地猎狗》《大象、小象和人》……于此基础上，教读两篇精读课文，引导学生自读其余篇目。然后，激励学生开启尘封的记忆，并留心观察当下的周围生活，进一步丰富个人的业余爱好，凭借着"往事拾零""新事摭谈"等板块儿，编辑由一个个催人泪下的故事联结而成的书籍——《人与动物是挚友》。

这样，将单元主题阅读与系列编撰紧密结合，让学生从主题阅读中萌发系列表达的欲望，拓展系列表达的内容，汲取系列表达的营养，进而实现主题阅读与系列编撰的互促双赢。

二、以名家经典专题阅读催发编创

语文教材内，名篇佳作荟萃。并且，它们当中的很多篇目，又都是结合名家的原文或原著，节选并改编而来。这便为我们组织名家经典阅读，进而催发学生进行系列编创，提供了极其有利的条件。大致流程如下：

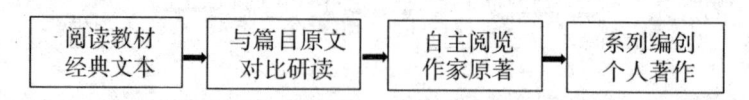

阅读教材经典文本 → 与篇目原文对比研读 → 自主阅览作家原著 → 系列编创个人著作

例如，先是遵循"群文整合教学"理念，引导阅读出自人民艺术家老舍先生笔下的两篇优秀写景抒情散文《林海》（北京市义务教育课程改革实验教材第 11 册）、《草原》（北京市义务教育课程改革实验教材第 12 册），着力体会作者的思想感情，以及把描写、叙述与议论、抒情紧密结合的表达方法。与此同时，择机穿插并组织与这两篇课文的原文对比研读，在进一步体会作者感情与表达方法的同时，领会教材改编者的意图。随后，引领学生潜心自读作者的原作《内蒙风光》，尽情感受北国的壮美风光，更加深切地触摸作者融于字里行间且难以抑制的赞美之情，及其在写作顺序、表达方法和语言运用方面的独特之处。然后，鼓舞学生调动已有积淀，加上细心观察与体验，编写自己的抒情长卷《家乡的旖旎风光》。

再如，首先指导学生整合阅读台湾著名作家林海音女士的《冬阳·童年·骆驼队》（人教版五年级语文下册教材）、《爸爸的花落了》（人教版七年级语文教材上册）；接着，放手让学生对比研读这两篇课文的原作；然后，引导他们捧起作者的自传体小说《城南旧事》，尽情享受书中那一个个感人的故事。继而，鼓励学生动情编创各自的自传体小说《我的儿时岁月》。

如此，便突破了教材单元"主题阅读""群文阅读"相对狭小的框框，创建起了新的指引学生集中持续阅读同一作家经典作品的"专题阅读"模式；进一步丰富了课内精读与课外广泛自读紧密结合的方式，也使导读单篇或群组文本与鞭策学生阅读整本的书更加顺畅地统一起来。另外，边读边做些读书笔记，读后再潜心于系列编创，既提高了阅读的效果，增加了语用实践的机会，又从根本上破除了传统的碎片化的读写结合形式。

第二节　联系综合实践活动引导编著

不论是以语文应用为基本环节、综合听说读写等项训练、着力发展语文核心素养的学科综合实践活动，还是以发现和解决问题为基本环节、综合多个学科内容、着力发展学生综合素养的跨学科综合实践活动——它们都是经过顶层设计，并紧紧围绕着一个中心主题展开，且具有突出的开放性、情境性、实践性和序列性特点的综合实践活动。这些综合实践活动，既是激发学生潜心系列编著的行动载体，当然更是引导学生著述成书的鲜活内容。

就说前一章第4节谈到的贯穿低、中、高三个学段的"我爱我家"学科主题系列综合实践活动：在低年级"我爱我的小家"（爱温馨的环境设置→爱浓浓的优秀家风→感激亲人无微不至的关爱教育）、中年级"我爱我的大家"（爱充满温情的班集体→爱美丽深沉的校园→爱多姿多彩的家乡）实践活动基础上——高年级则以"我爱我的国家"为具体主题，于组织开展"讲说书中的爱国故事及自身的阅读感受→讲述身边的爱国故事及自己的内心感触→讲演自己的爱国故事及长远的人生追求"等前后承接、循序深入、逐步拓展的实践活动过程中，激励并引导学生及时秉笔疾书，最终编列成卷。大致流程呈如下环节不断延展之势：

阅读感受真情记述 → 朗诵讲说展示分享 → 走访领会真情记述 → 朗诵讲述展示分享 → 行动体验真情记述 → 朗诵讲演展示分享

在如上的学科主题系列综合实践活动中，阅读感受、走访领会、行动体验等活动环节，与真情精彩记述、顺次编辑成书自然融合，于是既确保了学生阅读、走访、付诸实际行动等系列活动的高质量，提升了学生感受、领会、体验的丰富性和深刻性，为他们接下来的展示分享环节做了充分且必要的准备，又最大限度地锻炼了学生的书面表达能力，最大幅度地发展了他们的学科核心素养，让他们尽情享受到学习和运用语文的快乐。

又如，在以"葡萄文化·葡萄科技·葡萄艺术"为主题的跨学科综合实践活动中，指引学生把"查阅葡萄起源（世界起源、中国起源、地域起源）→了解葡萄品格（国外象征、中国象征）→感知葡萄文化（华夏葡萄文化、异域葡萄文化）→认知葡萄品种（鲜食葡萄品种、酿酒葡萄品种）→参加葡萄种植管理（田间管理、栽种管理、枝蔓管理、果实管理、果实利用）→学习葡萄艺术（绘画葡萄、赞赏葡萄、表演葡萄）"等系列实践活动，与书面谋划、资料积累、文字描绘、记述心得体验，直至汇集成书，有机统一起来。大致流程呈如下环节循环往复、逐步深入之状：

进入问题情境明确重点任务 → 书面具体谋划设计实践活动 → 投身实践行动丰富认知感受 → 描述实践经历记述收获感触

在这样的综合实践活动中，学生不只是广泛检索阅读，细心观察比较，深入实践体验，用心思考设计……还要时时地将所经历的一切落到笔端，形成有具体内容、有认识发现、有真挚情感的文字。如此，实践活动的每个环节便都会精彩异常，主题统领下的系列综合实践活动便实现了预设效益的最大化；学生不仅丰富了实际获得，还一定会萌生更加强烈的探索未知的欲望。

第三节 基于平日习作积累指引编绘

在引导学生留心观察周围事物，乐于运用语言文字进行自我表达和与人交流，养成好动笔、勤练笔、爱做读书笔记的基础上，怎样进一步强化学生的这种良好习惯，并使他们不断萌发更高的阅读与表达的热情呢？

于每个学期末，定时引导学生认真整理自己半年来的各类习作，包括单元大作文、随文小练笔，以及所写的各类观察日记、读书笔记、生活随笔、学习心得等，而后精心拣选、再度完善、绘制插图、添加目录、撰写序言、编辑成书，并使它成为一种习惯和常态。大致流程如下：

| 定期整理
自己各类习作 | → | 精心拣选
再度修改丰富 | → | 绘制插图
编写目录序言 | → | 设计封面
装订精品文萃 |

这是一条可行的并且已被多年实践证明、深受学生喜爱的有效方式。教师一号召，学生便无不欢声雀跃，积极响应；教师只给些必要的提示，学生便全力以赴、乐此不疲地行动起来——用心阅读，精心挑选，反复修改，认真誊写，键入打印，选图绘图……顾不得玩耍，也忘记了午休。同学之间相互辅助，书法、美术、信息技术等相关学科教师也纷纷应邀前来出谋划策，家长更是有求必应……这无疑是一项以小作者为主体，沟通课堂内外，覆盖多个学科，家校全员参与，前后紧密关联的主题综合实践活动。

在这项综合实践活动中，学生的收获是极其丰富的，绝不只是作文方面的，也不单是语文素养领域的；它对学生的影响是深远的，绝不只是眼前阶段的，也不单是学生时代的。

回顾以往，不论是结合广泛阅读引领学生编写自己的书，还是联系综合实践活动引导编著自己的书，或是基于平日习作积累指引学生编绘自己整本的书，我们的探索性实践还仅局限于小学五六年级。现在想来，这项实践活动的起步时间还可以再早些，由第三学段提至第二学段，甚至更早一点儿；创新实践的步伐还可以迈得再大些，让学生有更加丰富的实际获得，有更加坚实的发展基础。我们完全可以相信学生的潜质，教师引领到哪儿，学生就会发展到哪儿。